勇者に学ぶ

難題に立ち向かう

「戦略思考」

才能よりも
努力よりも
問題解決に
必要なこと

（株）電通 クリエーティブ・
ストラテジスト（戦略家）

工藤拓真

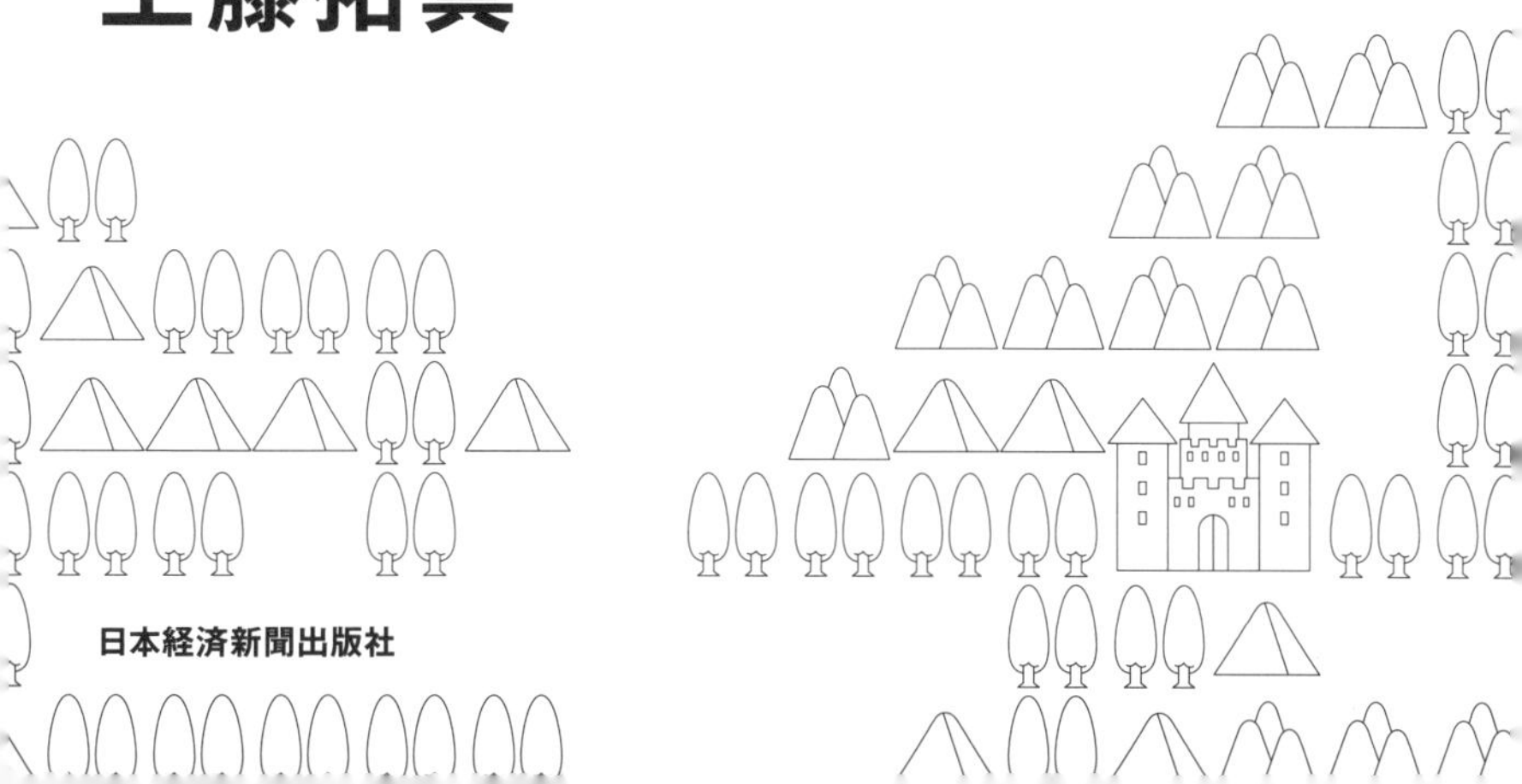

日本経済新聞出版社

オープニング

つまらない問題だって、
ワクワクの
「ゲーム」
に変えられる

もしも、ゲームのように、
仕事や人生に襲いかかる様々な問題を、
楽しんでクリアできたなら……

ゲームの世界では、なぜ問題を楽しめるのか？

「おお勇者よ……。そなたはまだ死ぬ時ではありません。さあ、再び立ち上がるのです」

これは「ドラゴンクエスト」などの冒険RPG（ロール・プレイング・ゲーム）の中で、主人公が倒されるたびに繰り返し描かれる、復活のシーンである。

ゲームで遊ぶ時、プレイヤーは何度モンスターに倒されても、そのたびに立ち上がる。しかもただ繰り返すだけではない。失敗から学び、「伝説の武器」をゲットし、「レベル上げ」を行って、前回以上の準備をもって、魔王の退治に再挑戦する――。

このようにゲームの世界では、突如発生する様々な問題は、クリアする楽しみや達成感を与えてくれる。しかし一方で、現実の世界ではどうだろうか？「現実に起こる問題は、ゲームみたいには楽しめない」。そう考える人が多いのではないか。

「どんな問題も、ゲームみたいに楽しみながら、クリアできたらいいのに」――。

ゲームに隠された、問題を前向きに解決するメカニズムを明らかにし、それを現実の問題に応用できたなら。そうすれば、誰もが、無駄な時間や労力に振り回されることなく、楽しみながら成果を上げることができるのではないか。

勇者をゴールまで導く「マップ」

よくある「苦労の先にこそ成功がある」といった根性論とは対極的に、輝かしい成果を上げる人々からは、「人生はゲームみたいなものだ」「仕事は楽しまなきゃ損」といった話をよく耳にする。著名な経営者や、SNSをにぎわすビジネスリーダーはもちろんだが、あのマザー・テレサも、人生とは何かを説いた文章の一節で「Life is a game, play it.（人生はゲームです、楽しみなさい）」という言葉を遺している。

ただ残念ながら、書籍やネット記事などで紹介されるそれらの話の多くは、その具体的な方法論までは教えてくれない。

そこで本書は、ゲーム感覚で問題を解決できるツール「ゲームマップ」を紹介する。これを使えば、仕事やプライベートで起こる問題は、ゲームを楽しむ材料に早変わりする。「楽しみながら解決する」というのは、一部の才能あふれる人や、天性のポジティブ思考の人だけに授けられた特殊能力ではない。学力や性格、運だって関係ない。正しい方法論を身につければ、誰もが、自由自在に使いこなすことができるようになる。

ある日突然、平和な世界に「問題」が現れる。勇者は「仲間との出会い」「アイテムの発掘」「モンスターとの決戦」といったイベントを経て、見事に問題の解決を果たすのであった――。

このような冒険ストーリーを1枚の地図（マップ）に落とし込み、あらゆる問題に共通する解決プロセスを可視化した。この地図を使いこなすのに必要なのは、難しい用語や数式ではなく、ゲームプレイヤーとして「勇者」になりきることだ。

勇者は、最短距離でダンジョン（迷宮）に向かうこともあれば、あえて遠回りして経験値を上げ、ボスとの決戦に備えることもある。困難が時に行く手を阻み、向かうべき道が見えなくなることだってある。しかし、どんな局面であろうとも、この地図さえ携えていれば、迷うことなく、ゲームクリア（問題解決）までたどり着くことができる。

「問題解決」という冒険へ、旅立とう

「ゲームマップ」を一度マスターすれば、ある日突然、未経験の問題が舞い込んできても、自力で解決策を生み出せるようになる。そのため、ライフステージが変わっても、例えば転職や異動をしても、使い続けることができる一生モノの武器になるのだ。

特別な予備知識や道具は必要ない。紙1枚とペンさえあれば、すぐ実践できる。

また「ゲームマップ」を支える根底の理論は、古今東西でプロフェッショナルたちが活用してきた「戦略論」をアップデートしたものだ。そのため、営業やマーケティング、人事など、業務で戦略の策定に関わるビジネスパーソンにとっても「戦略の基本のキ」を見直し、レベルアップさせる機会になることを約束する。

どんなに素晴らしい本でも、「読んで終わり」にしてしまっては、単なる時間の浪費に終わってしまう。そこで本書は、日常生活の中で「使いこなす」ことまでを目指している。

そのため本書では、単なる精神論ではなく、具体的な頭の使い方からメモの取り方、他人へのアイデアの伝え方まで、「使いこなす」ためのサポート材料を、紙幅の許す限り用意した。これらを駆使して、「問題解決」という冒険劇を遊び尽くしていただきたい。

目次

第1章

あそぶ篇——「ゲームマップ」のトリセツ

第2章

わかる篇──人生を楽しむアイテムとしての「戦略」

第4章

みがく篇──毎日の行動を変貌させる「戦略習慣術」

エンディング

第1章

あそぶ篇

「ゲームマップ」のトリセツ

ここでは、「ゲームマップ」の体験版である「お試しゲーム」を実際にプレイすることを通じて、ゲームの全体像に触れていただく。

天使や悪魔、バリアモンスターといったキャラクターたちとの冒険劇を通じて、楽しみながら問題をクリアする快感を、ぜひ味わっていただきたい。

お試しゲームの遊び方

地図に描かれる「6つのステージ」

「ゲームマップ」の中では、世界を揺るがすような大問題から、今晩の献立のような身近な問題まで、ありとあらゆる問題に共通する要素からできた6つのステージをクリアしていく。するとどんな問題も解決というゴールにたどり着くことができる。

ステージⅠ　目覚めろ！　超《スーパー》勇者X　【純粋な目的を定める】
ステージⅡ　探し出せ！　キーパーソンY　【重要人のキモチを調べる】
ステージⅢ　予測せよ！　天使と悪魔　【ゴールを決める】
ステージⅣ　診断せよ！　バリアモンスター　【真の原因を探る】
ステージⅤ　掘り当てろ！　資源カード　【資源を発掘する】
ステージⅥ　叫べ！　大ディレクションロボ　【基本方針を命じる】

それぞれのステージで、どんなキャラクターが登場し、主人公にどんなアクションが求められるのか。まずはその全貌を大まかに紹介していく。

まずは、「ゴールまでの流れ」を体感する「2つのお試しゲーム」に挑戦していただく。1つはビジネスに関わる問題について、有名な江戸時代の逸話を基にした話。もう1つは、プライベートで起こる悩みとして、ある子どものエピソードを用意した。

ゲームを進めるカギは、「疑問文」と「地図」

また、プレイ中に重要な役割を果たすのが **「疑問文」** である。無意識にせよ、人は何か考えごとをする時、心の中で、何かしらの「疑問文」を立て、その答えを探している。どんな難題も、1つひとつの「?」に答えていくことから、その解決はスタートするのだ。「ゲームマップ」では、ステージごとに用意された「疑問文」に答えていくことで、各ステージをクリアできる仕様となっている。また、これをプレイする時の頭の使い方は、「早押しクイズ」に答えるのと似ている。あまり難しく構えすぎると、回答ボタンは押せずじまいだ。頭を柔らかくして、次々と現れる「疑問文」に答えていくと、全6ステージを攻略することができる。

また、ゲーム中には、次の図のような **「タテ軸とヨコ軸が織りなす世界が広がるマップ」**

が用意されている。ステージの展開に合わせてマップに動きが生まれる仕組みだ。

ヨコ軸には常に「時間軸」が設定され、その終点にはゲームのタイムリミット（制限時間）が刻まれている（タテ軸についてはステージⅠで紹介する）。

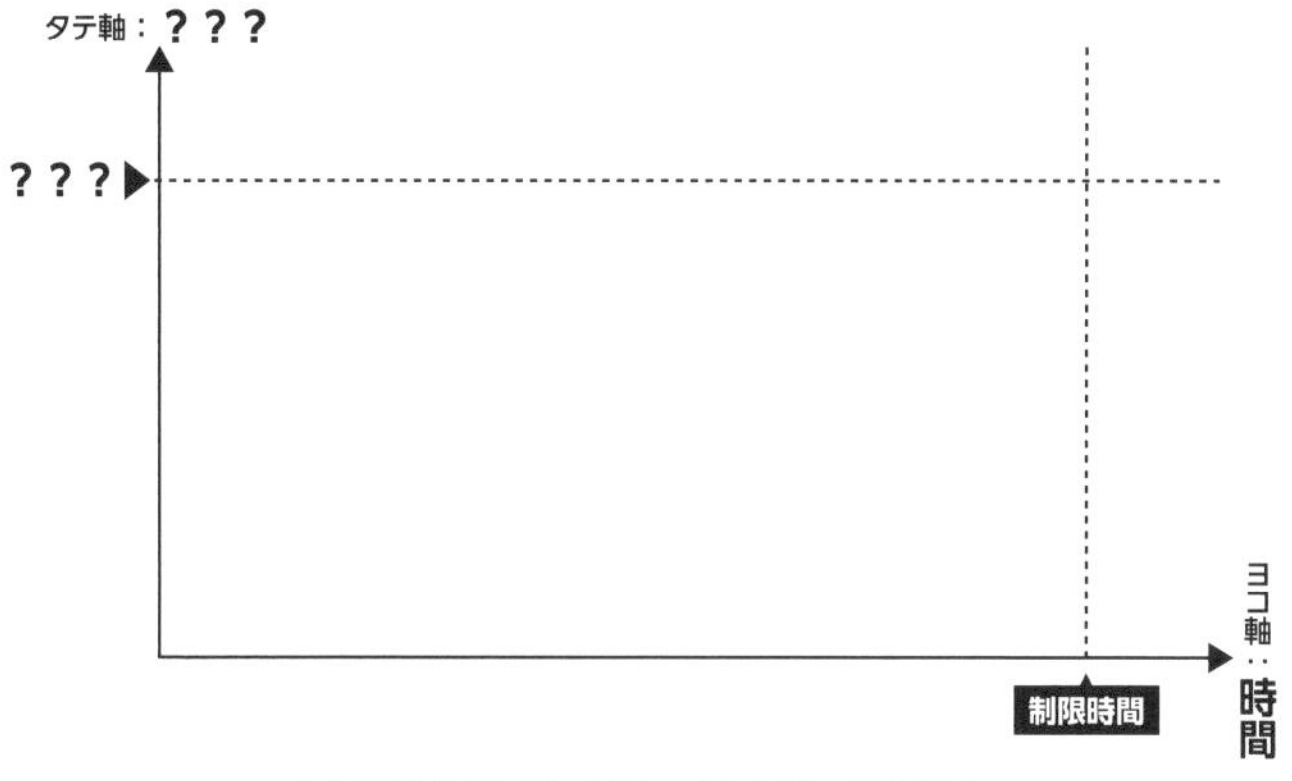

ヨコ軸に入るのは、いつも「時間」

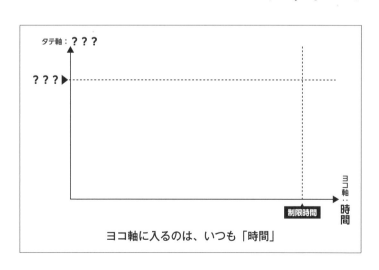

冒険を進める手順（ガイドライン）

次の手順に従って、頭や手を動かすだけで、誰もが「ゲームマップ」の進め方をマスターできる。

①紙とペンやスマホなど、メモできるものを用意する（本書に書き込むのもＯＫ）

②「シナリオ」を読んで、プレイヤーである「Ａさん」や「Ｂ君」になりきる

③各ステージで紹介される「疑問文」や「ヒント」を読み、自分の回答を書き出す

④すぐに答えられない疑問文に出合ったとしても、まずは「正解」を求めず、思いつきでよいので、軽い気持ちで何かしら文字にしてみる

⑤回答例と解説を読む

なお、自分で回答を考える時間がなければ、いきなり⑤にスキップしていただいて構わない。回答例を読むことで、各ステージで必要となる行程は把握できるようになっている。

それでは、①を用意した上で、さっそく②に従って、次ページにある「シナリオ」を読み込んでいこう。江戸時代に生きる「Aさん」、そして小学生の「B君」は、それぞれ「ある問題」を抱えている。彼らは一体どんな問題に、頭を悩まされているのだろうか？　読者の方々には、ぜひ「Aさん」と「B君」を救うべく、問題に立ち向かっていただきたい。

SCENARIO A

【お試しゲームAのシナリオ：「夏にうなぎが売れない」問題】

江戸時代、町民が行き交う活気ある街の一角に店を構える「うなぎ屋さん」が悩みを抱えていた。秋冬にはよく食べられるうなぎだが、毎年、夏の売り上げが芳しくないらしい。

理由は明らかだった。脂をたっぷりと蓄えた秋冬に比べると、夏のうなぎは痩せていて、味が劣るのだ。とはいえ、夏だからと商売を休んでしまうわけにはいかない。生活がかかっている。どうしたものか……。うなぎ屋さんは、知人を介し、当時アイデアマンとして有名だったAさんに、悩みを相談したのであった。

うなぎ屋：「Aさん、どうかオレたちを救ってくれ！　次の夏を乗り切らねえと、店の者たちみんな、路頭に迷わせちまうんだよ……」

Aさん：「うーん、そいつは難題だなあ。ええい、乗りかかった船だ！　妙案考えて持っていくから、1週間待ってな！」

意気込むAさんの姿に、うれしさ半分、不安が半分のうなぎ屋さんであった。

SCENARIO B

【お試しゲームBのシナリオ：「鬼ごっこしたくない」問題】

小学生のB君は、走るのが大の苦手。あまりに嫌いすぎて、「人生で最悪の時間は、50メートル走のタイム測定」と答えるほどだった。

しかし不幸なことに、B君のクラスでは、ガキ大将「ツヨスギ君」が率いるワンパク集団が火付け役となって、なぜか「鬼ごっこ」が大ブーム。来る日も来る日も、昼休みの遊びは「鬼ごっこ」となり、クラスのほぼ全員が参加していた。

「ただ走り回るだけの遊びの、何が楽しいんだよ……」そんな愚痴を漏らしながらも、空気を読んで、我慢しつつ参加していたB君であった。

しかしある日のこと、B君と同じくらいの足の速さで、鬼役の常連だった「ヨワスギ君」が風邪で休んだ。すると、B君は誰も捕まえることができず、昼休み中ずっと、鬼役になってしまったのだった……。

「もう嫌だ！　来週から鬼ごっこなんてしたくない！」

STAGE Ⅰ

目覚めろ！　超勇者《スーパー》X【純粋な目的を定める】

まず「どんな願いを実現したいのか？」を明確にしなければ、ゲームは始まらない。主人公である「勇者X」が純粋にかなえたいと思う目的や願望を自覚し、「○○したい！」という気持ちを爆発させ、「超《スーパー》勇者X」へと変身することで、やっと冒険はスタートする。

次の疑問文を使い、主人公である勇者Xの狙いや想いを、言葉にしよう。

Q1

問題や悩みを抱えた「勇者X」は誰か？

ヒント：様々な立場の人が関わっている問題では、「問題の当事者は誰なのか？」を見失いがちになる。いま一度、このゲームの主人公は誰かを把握してみよう。

Q2

勇者Xが何としても成し遂げたい「願望」は何か？【超《スーパー》勇者X】

ヒント：既に目的や目標がある場合も要注意。「目標○○個」と決められた数値が、「ゲームの純粋な目的」にきちんとつながっているか（ズレていないか）、チェックしてみよう。

▶勇者Xが登場するも、このままでは、ただヨコ軸の「時間」が過ぎるだけ…

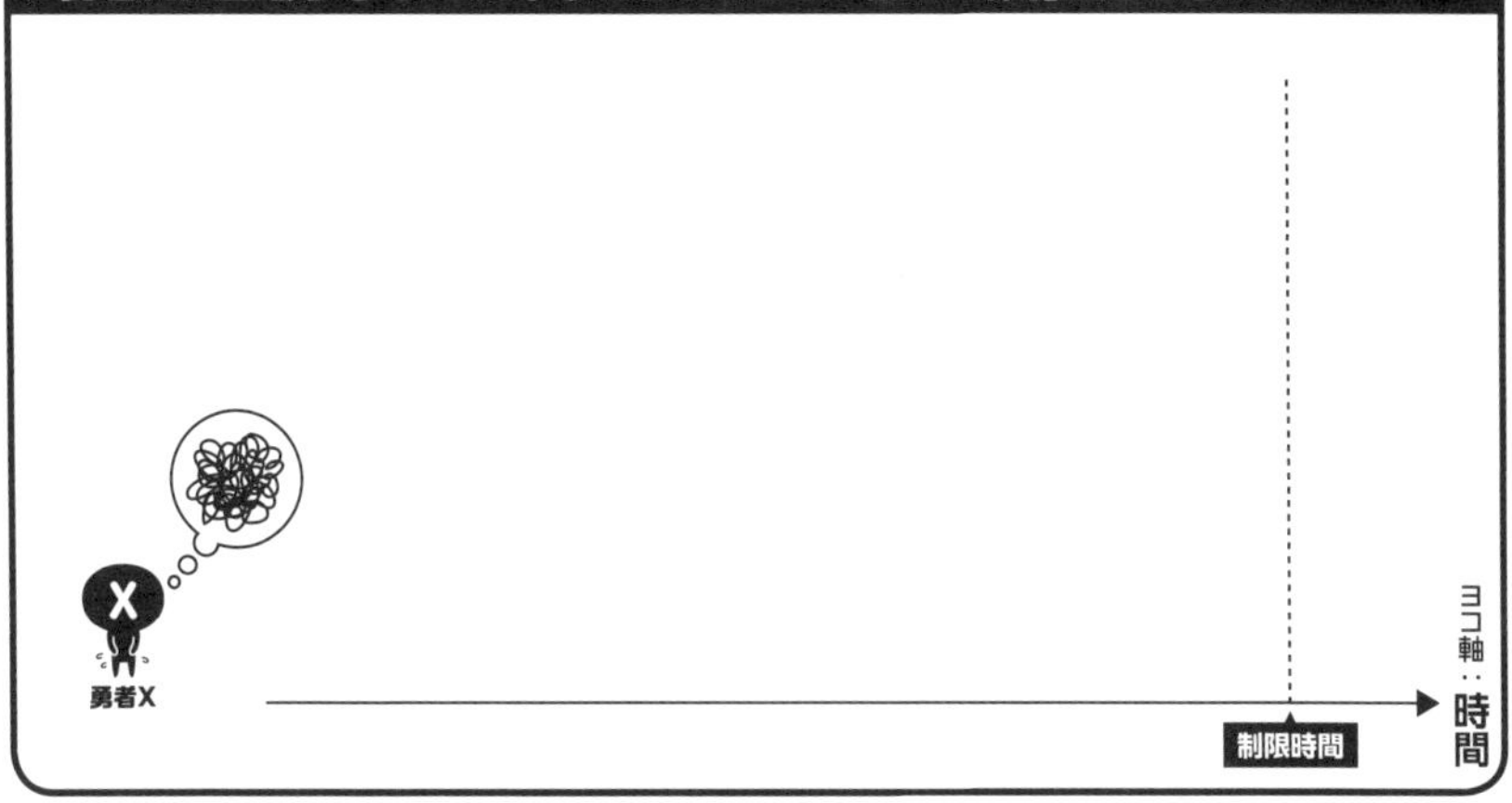

▶超勇者Xに進化する事でタテ軸が出現! ゲームマップの舞台が完成

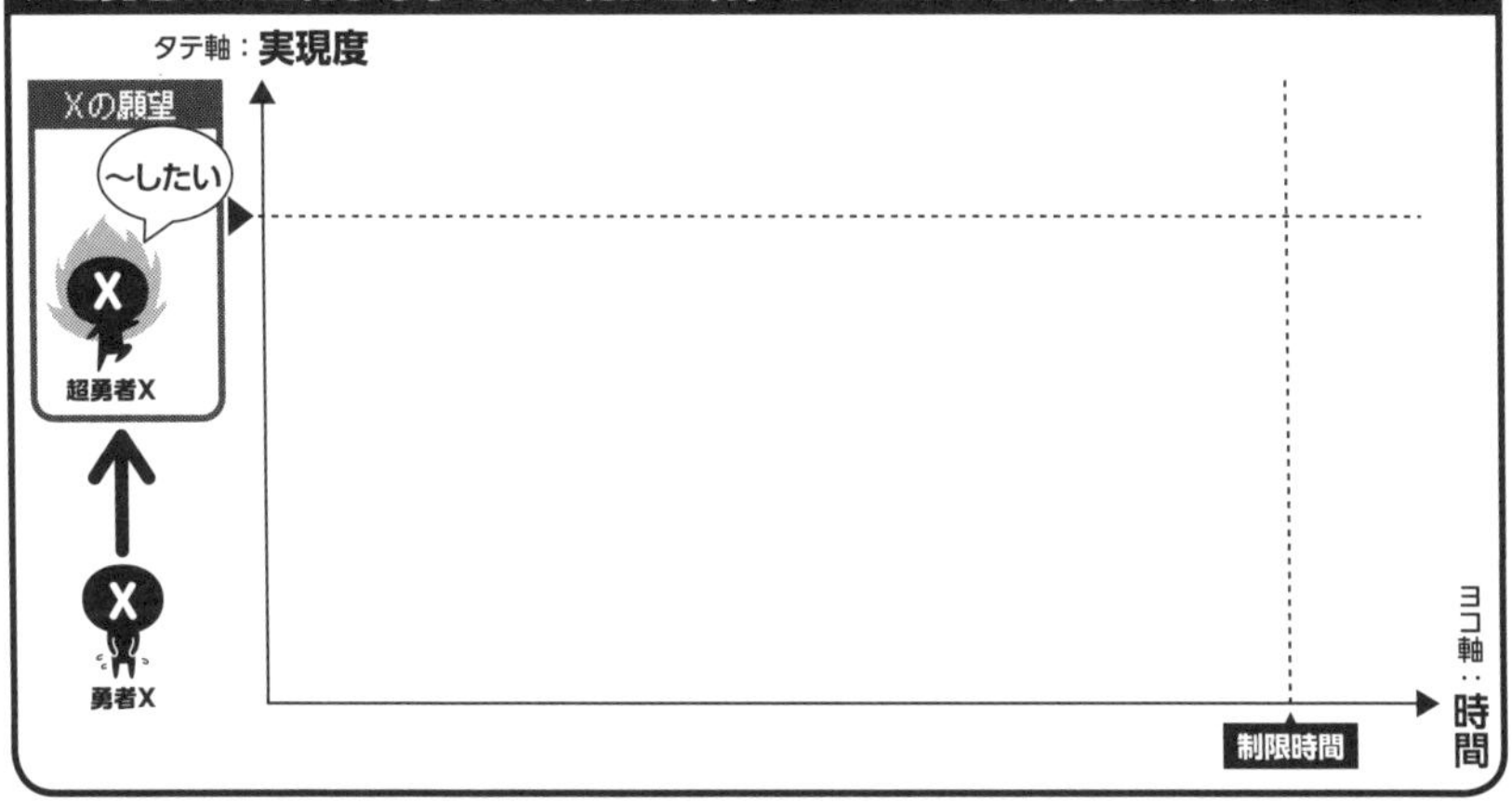

【お試しゲームAの回答例】

Q1
問題や悩みを抱えた「勇者X」は誰か?
→【答】**アイデアマンAさんではなく、うなぎ屋さん**

Q2
勇者Xが何としても成し遂げたい「願望」は何か? 【超《スーパー》勇者X】
→【答】**旬ではない夏のうなぎの売り上げを増やす**

Q1でよくある間違いは、勇者Xを「アイデアマンAさん」にしてしまうことだ。このゲームの主人公は、Aさんではなく、「相談の依頼主であるうなぎ屋さん」である。

大事なのは、「Aさんが何をしたいか?」ではなく「うなぎ屋さんが何をしたいか?」を考え抜くことだ。ガムシャラに解決策を考えるうちに、Xである「うなぎ屋さん」のことを置き去りに、Aさんのやりたいように考えがちになるので、注意が必要だ。

また、改めてQ2を確認すると、「なかなかの難題だ……」と頭を悩ませるかもしれない。正攻法で考えていっても、答えまでたどり着くことは難しそうだ。

【お試しゲームBの回答例】

Q.1
問題や悩みを抱えた「勇者X」は誰か？
↓【答】**足が遅いB君**

Q.2
勇者Xが何としても成し遂げたい「願望」は何か？　【超《スーパー》勇者X】
↓【答】**休み時間の「鬼ごっこ」をやめさせること**

B君がこのゲームで掲げる願望は「鬼ごっこなんてもうやめたい！」だ。

毎日毎日、鬼ごっこばかりが続く、この鬼ごっこブームの状態に終止符を打ち、何とかクラスのみんなが、「鬼ごっこ以外の遊び」を楽しむ日が来ることを切に願っている。

しかし、誰かが何かを起こさない限り、鬼ごっこの日々は、終わりそうにない……。

STAGE Ⅱ

探し出せ！ キーパーソンY【重要人のキモチを調べる】

勇者Xだけでは冒険は進まない。そこでプレイヤーは名探偵になりきって、ゲームのカギを握るもう1人の登場人物、「Xの願望」にもっとも影響を与える「キーパーソンY」を探さなければならない。

そして、そのYのキモチを徹底的に調べることで、進むべき道が見えてくる。

Q1

「誰」の行動が変われば、Xの願望がかなうのか？【キーパーソンY】

ヒント：Yには複数の候補者がいる可能性がある。その場合は、候補者たちを並べ、「よりXの願望を左右する人物は誰か？」を比較し、絞り込まなければならない。

Q2

Yは、Xの願望に対して、「どんなキモチ（認識）」を抱いているのか？

ヒント：Yのキモチを探るのが難しい場合は、「書き言葉」ではなく、「話し言葉」で考えてみよう。Yその人になりきってみて、「どんな言葉をつぶやくか？」を妄想するのだ。

新登場キャラ
……
キーパーソンY
ゲームクリアを
左右する重要人物
Y

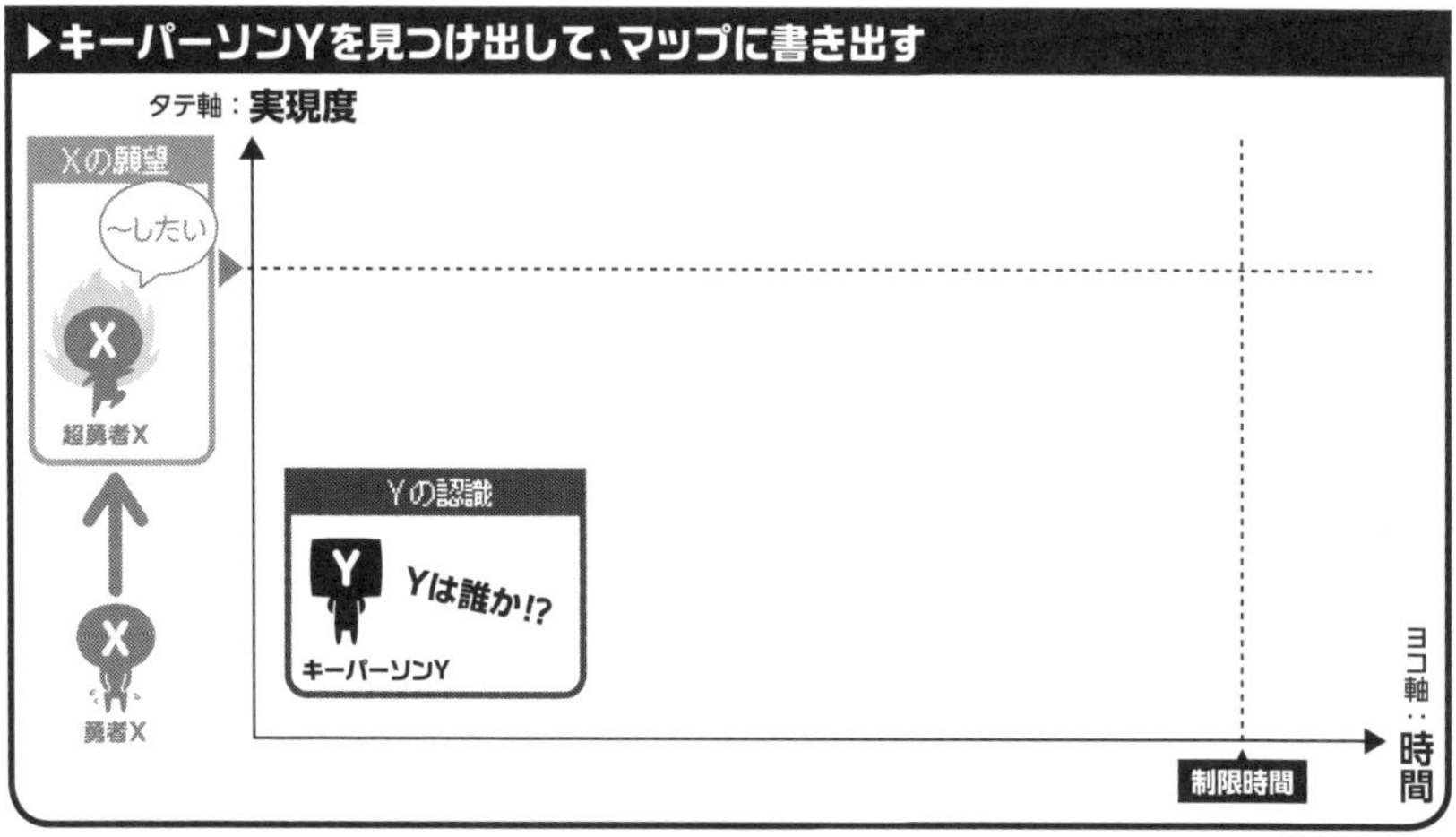
▶キーパーソンYを見つけ出して、マップに書き出す
タテ軸：実現度
Xの願望
〜したい
X
超勇者X
X
勇者X
Yの認識
Y
Yは誰か!?
キーパーソンY
ヨコ軸：時間
制限時間

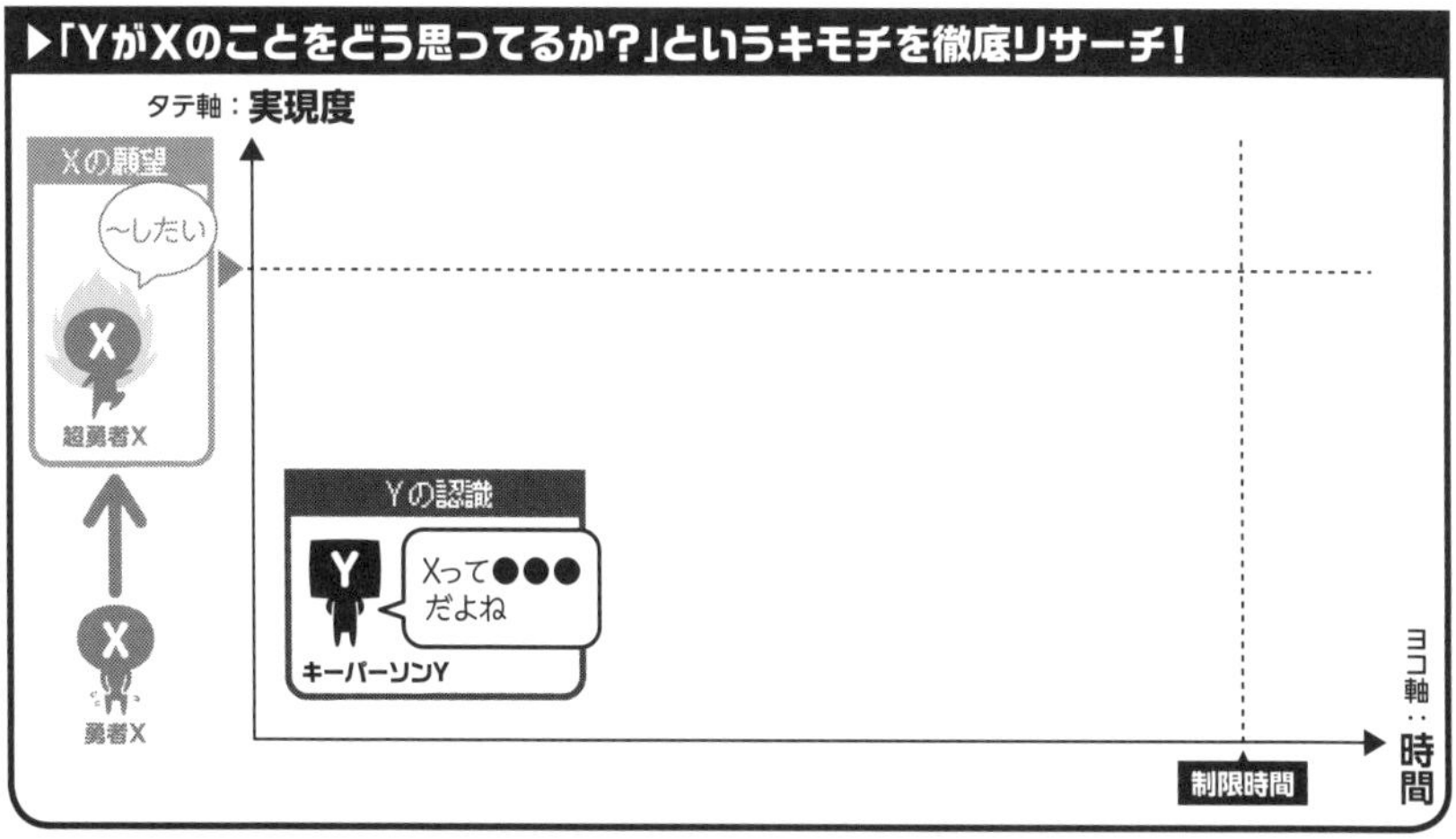
▶「YがXのことをどう思ってるか？」というキモチを徹底リサーチ！
タテ軸：実現度
Xの願望
〜したい
X
超勇者X
X
勇者X
Yの認識
Y
Xって●●●
だよね
キーパーソンY
ヨコ軸：時間
制限時間

【お試しゲームAの回答例】

Q1

「誰」の行動が変われば、Xの願望がかなうのか？　【キーパーソンY】

↓【答】**暑い夏でも懸命に働く江戸の町民**

Q2

Yは、Xの願望に対して、「どんなキモチ（認識）」を抱いているのか？

↓【答】**「不味《マズ》い」ではなく「何とも思っていない」（無関心な状態）**

うなぎ屋さんのお客さま、つまりキーパーソンYは「街で働く町民」である。

そんな彼らにとって、食事は楽しみの1つ。そして「旬のものを食べる」という粋なスタイルは、江戸っ子たちにとっては当たり前であった。そのためYは、旬ではない夏のうなぎに対しては、「美味しくない」という感情を抱くことすらない、無関心な状態だった。

例えば、春に秋刀魚《サンマ》を思い出すことが少ないのと同じように、旬ではない季節の魚は思い出されることが少ないのだ。

「好きの反対は、嫌いではなく、無関心」という言葉があるが、この状況はまさにその通り。夏のうなぎは嫌われているわけではなく、忘れ去られている状況なのだ。

【お試しゲームBの回答例】

Q.1
「誰」の行動が変われば、Xの願望がかなうのか？【キーパーソンY】
→【答】**クラスで一番声が大きい、親分的キャラ「ツヨスギ君」**

Q.2
Yは、Xの願望に対して、「どんなキモチ（認識）」を抱いているのか？
→【答】**「鬼ごっこのスリルが好き！」「Bは俺様の子分！」**

B君はクラスメートを見渡す中で、いつも声が大きい親分キャラ「ツヨスギ君」の存在が大事だと考え、彼をキーパーソンYとした。その影響力は大きく、彼が一声かければクラスメートはみんな彼の大きな声に耳を傾ける状況だった。

次にQ2では、Yが「鬼ごっこのことをどう思っているか？」を探る。話を聞いてみると、どうやら彼は鬼ごっこの「スリル」がお気に入りらしい。

また、Yの側近ヨワスギ君によると、YにとってB君は「大勢いる子分の1人」だと思われていることが判明した。つまり、B君がいくら「鬼ごっこをやめよう」と訴えたとしても、「子分であるBの言うことなんか聞けるか！」と、Yの行動は変わりそうにない。

STAGE Ⅲ

予測せよ！　天使と悪魔【ゴールを決める】

本ステージではこのゲームの「ゴール」を決めることになる。そこで重要になるのが「未来のYのキモチ」だ。Yのキモチを、Xの狙い通りの未来に変化させることができれば、ゲームクリア（ゴール）となる。

そこで、未来へタイムスリップした感覚で、Yのキモチに関する2つの未来を想像することにしよう。

Q.1

何もしなかった未来、Yのキモチはどう変わるか？【デビルY】

ヒント：「このまま何もしなかったら訪れる未来」を考えてみよう。

Q.2

Xの願望がかなった未来、Yのキモチはどう変わるか？【エンジェルY】

ヒント：Xの思い通りにYが動いてくれた、理想的な未来を想像する。その時、Yはどんな想いを抱くだろうか。ネガティブに考えがちな人も、ここではポジティブに考えてみよう。

▶2つの未来における「Yのキモチ」を予測

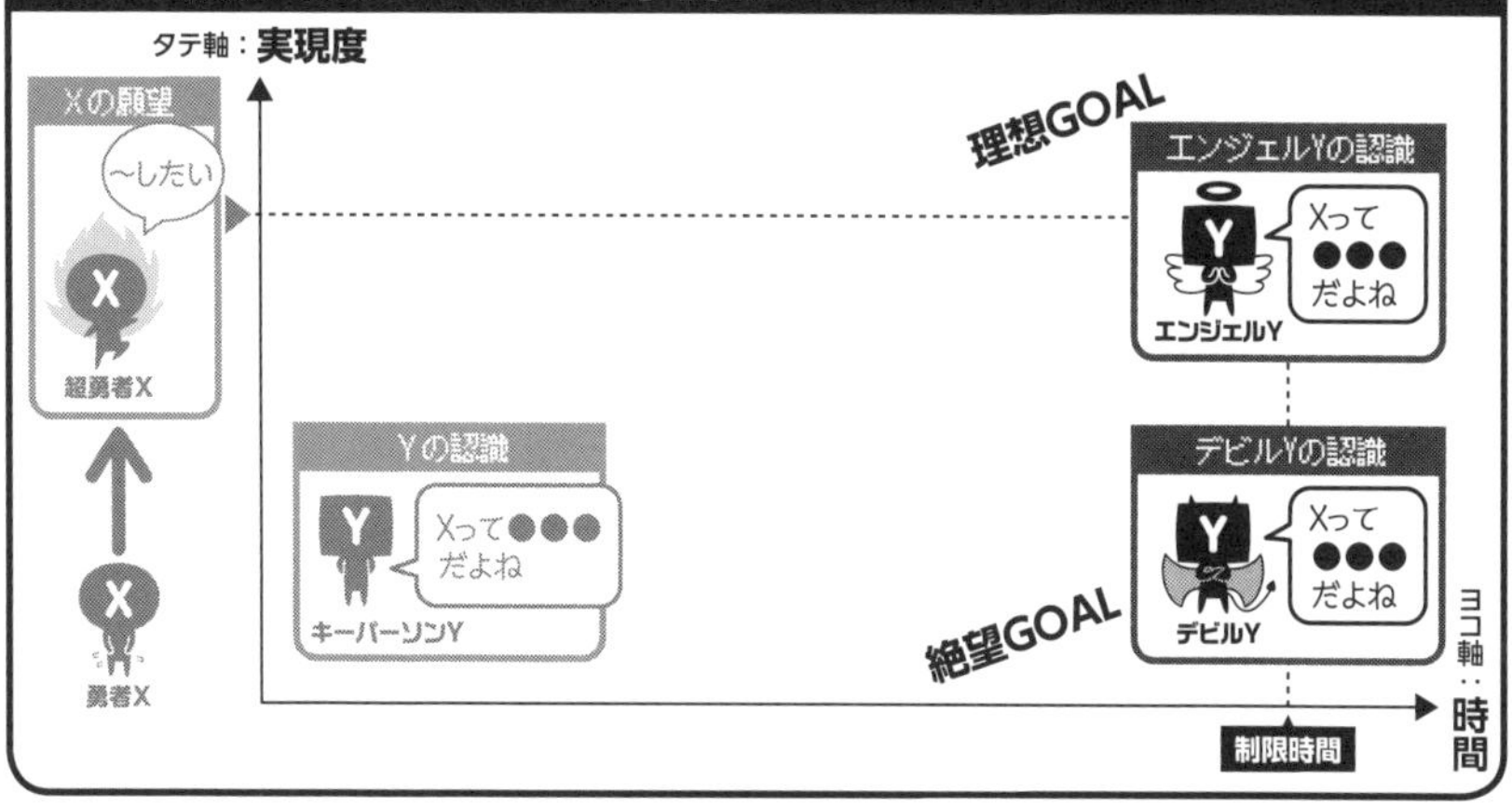

▶キーパーソンYをエンジェルYに導くことができればゴール！

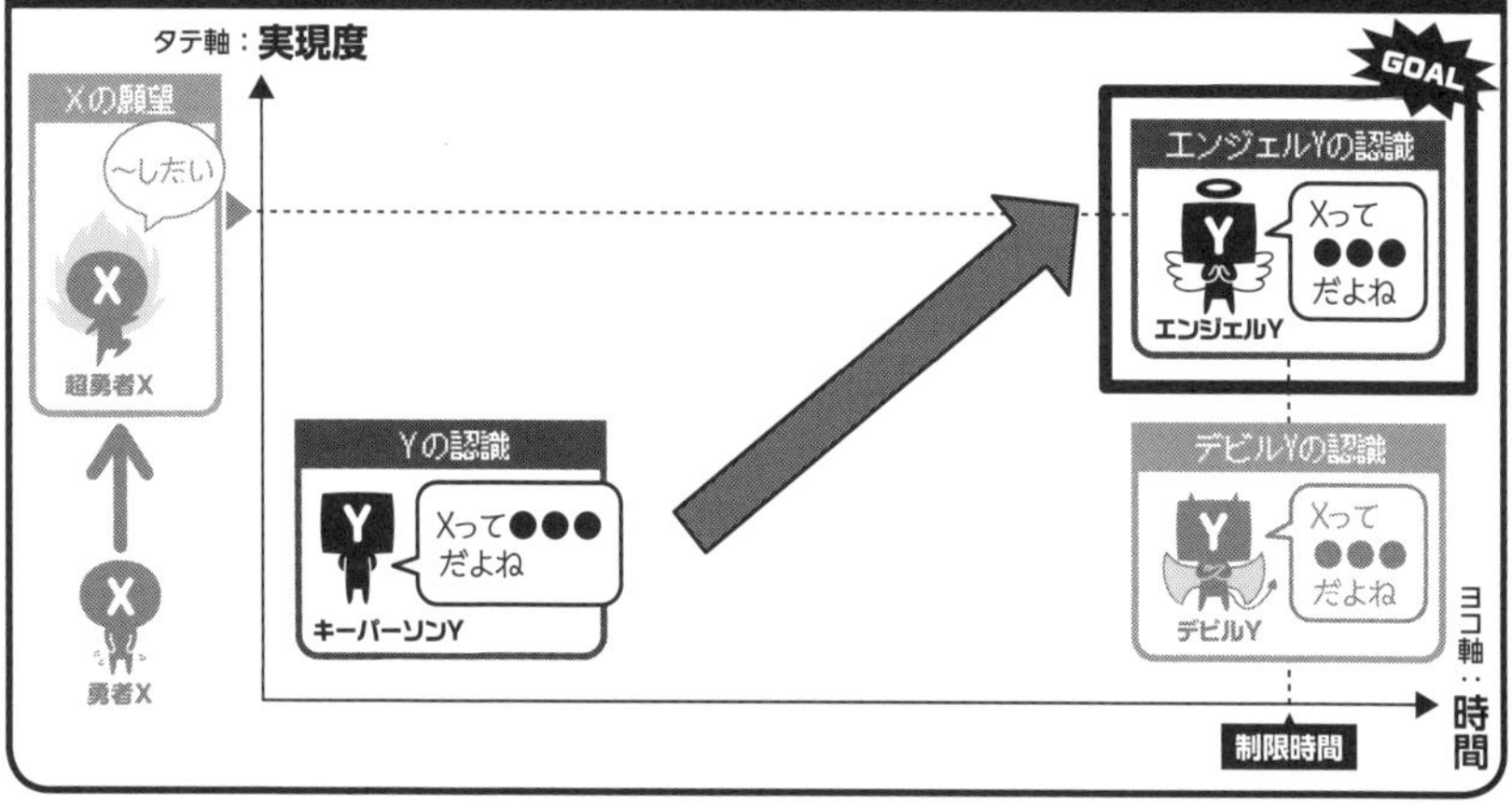

【お試しゲームAの回答例】

Q1
何もしなかった未来、Yのキモチはどう変わるか？　【デビルY】
→【答】**町民「あえて夏に食べなくていいじゃないか。旬ではないし」**

Q2
Xの願望がかなった未来、Yのキモチはどう変わるか？　【エンジェルY】
→【答】**町民「この夏、うなぎが食べたい！」**

例えば「うなぎは美味しいよ！　食べていっておくれ！」と町民に声をかけてみても、「今は美味しい季節じゃない」と思われてしまって、町民のキモチは動かないだろう。今のままでは「Xの願望がかなわない未来＝デビルY」に至ってしまう。

一方で、エンジェルYはどうか。それは「この夏、うなぎが食べたい！」である。（しかし、グルメな町民たちに、旬ではない魚を食べたいと思わせることは難しそうだ……）

【お試しゲームBの回答例】

Q1
何もしなかった未来、Yのキモチはどう変わるか？　【デビルY】
→【答】**ツヨスギ君「やっぱり鬼ごっこが一番楽しい！　明日も続けよう」**

Q2
Xの願望がかなった未来、Yのキモチはどう変わるか？　【エンジェルY】
→【答】**ツヨスギ君「鬼ごっこより、別の遊びが楽しい」**

この時点で、ツヨスギ君は「鬼ごっこ」にハマってしまっている。この状態を放置してしまうと、ツヨスギ君はずっと鬼ごっこを続けてしまうし、クラスの誰もそれを止めないだろう。B君にとって、避けたいデビルYだ。

一方で、エンジェルYでは、鬼ごっこは一番楽しい遊びではなくなっているはず。鬼ごっこが一番のツヨスギ君のキモチを変えなければ、エンジェルYにはたどり着けない。

STAGE Ⅳ

診断せよ！ バリアモンスター【真の原因を探る】

ステージⅢまでの冒険で、「Yをこんなキモチにさせれば、未来は変わる＝ゲームクリア」というゴールは見えてきた。何としても、制限時間までにゴールへたどり着きたい。

しかし、このままではその素晴らしい未来にはたどり着けない。なぜか。それは「Yのキモチの変化を妨げている原因＝バリアモンスター」が邪魔をしているからだ。この魔物の正体を突き止めるのが、本ステージである。

Q.1 エンジェルYの実現を「邪魔する原因」は何か？【バリアモンスター】

ヒント：医師が診察で様々な検査やカウンセリングを通して患者の病を特定するように、本ステージにも問題を探るための様々なテクニックがある（詳しくは第3章で紹介）。大切なのは、目には見えない深層に隠れた原因を、しつこく「なぜ？」「どうして？」と繰り返し探っていくことだ。

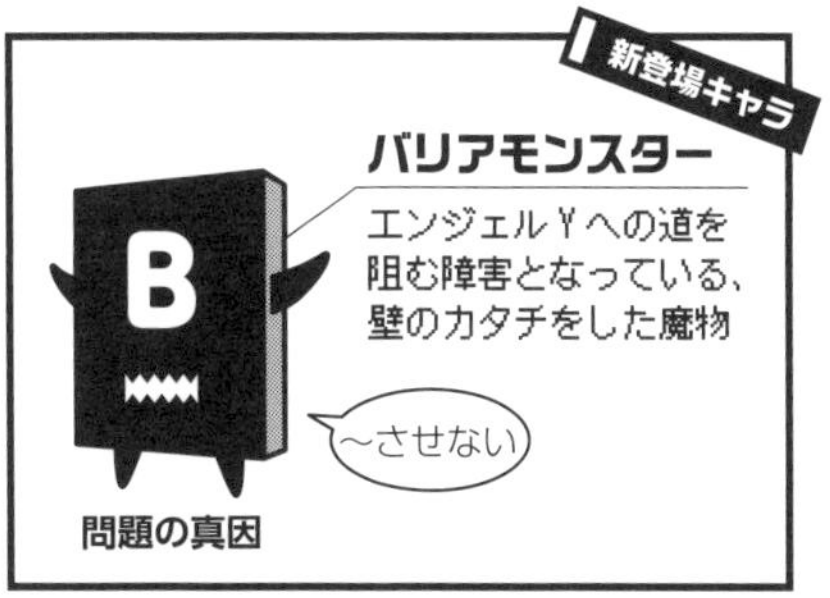

▶ゴールまでの道のりは、右肩上がりの一直線には進めない…

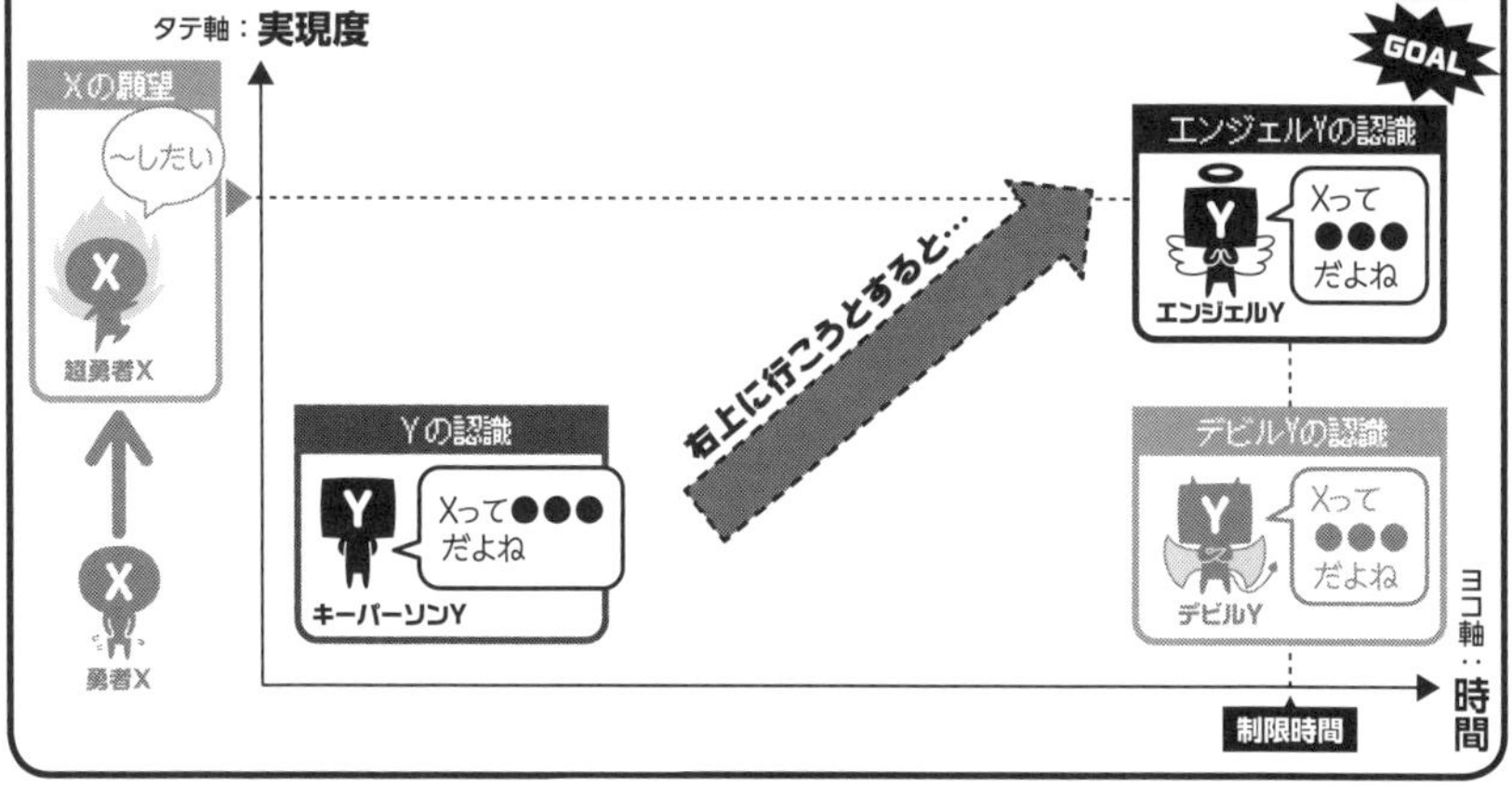

▶なぜならバリアモンスターが道を阻み、デビルYへと誘うから

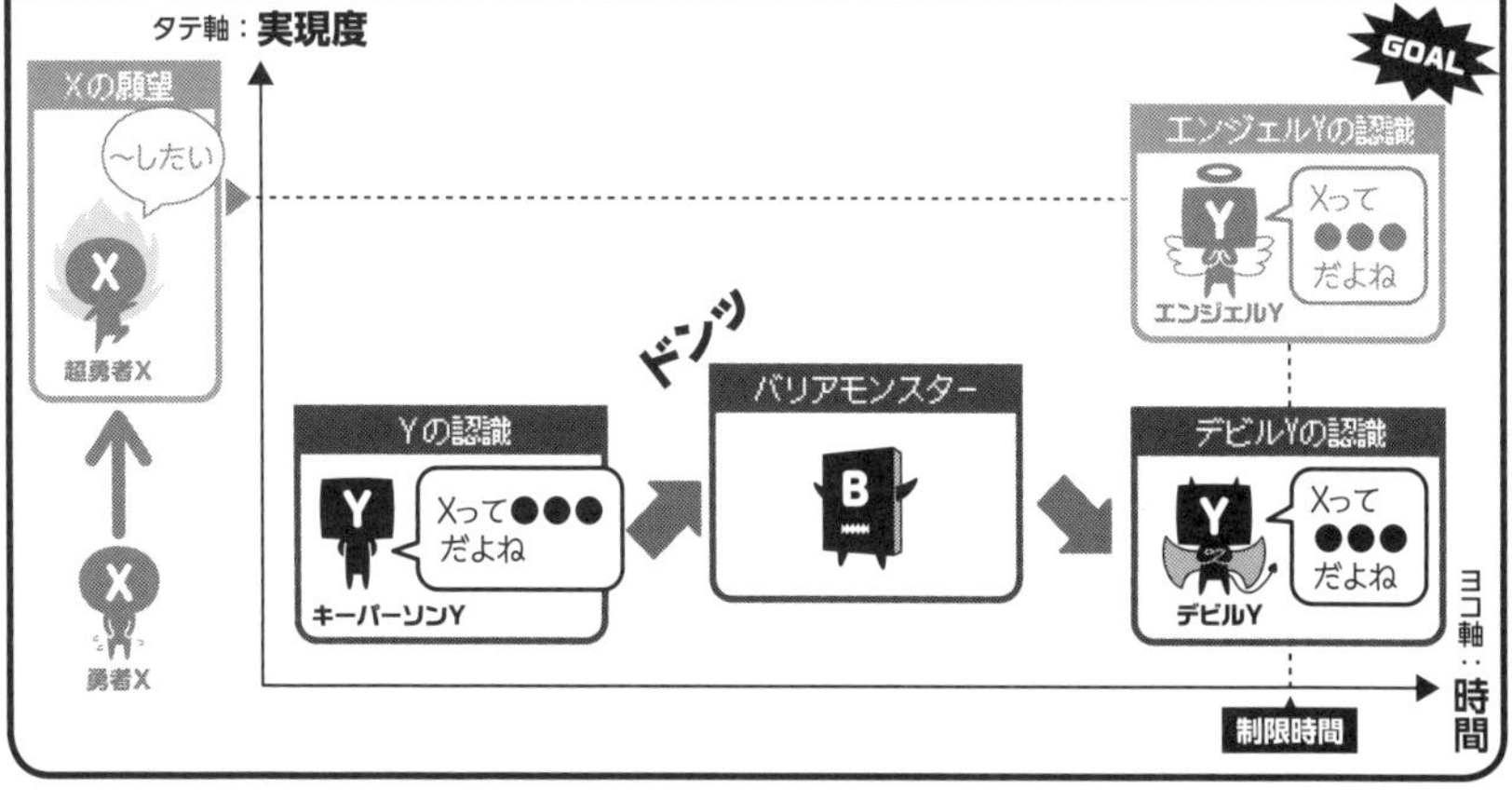

【お試しゲームAの回答例】

Q.1

エンジェルYの実現を「邪魔する原因」は何か？　【バリアモンスター】

↓【答】**「食べ物は旬に食べるべき」という江戸町民の常識**

うなぎに対するキモチの前に、そもそも食べ物全般に対して、多くの江戸町民たちが抱いている「食べ物は旬に食べるべき」という「常識」。これこそ、このゲームで乗り越えるべきバリアモンスターである。

うなぎ屋さんである以上、訴えたいのはうなぎの美味しさであるはずだ。しかし単純に「美味しさ」を持ち出すと、墓穴を掘ることになる。「美味しい魚こそ、旬に食べるべき」と思われてしまうからだ。

つまり、「旬か旬じゃないか」論争に持ち込んだ途端、夏のうなぎには、勝ち目がなくなってしまう。この常識を乗り越えなければ、町民の心をエンジェルYへと導くことはできない。

【お試しゲームBの回答例】

Q.1

エンジェルYの実現を「邪魔する原因」は何か？　【バリアモンスター】

→【答】「鬼ごっこが一番スリリングで面白い」という思い込み

B君が観察し始めて分かってきたことは、「ツヨスギ君はかなり思い込みが強いタイプ」ということ。一度「鬼ごっこが面白い！」と思ったら、そこから離れられなくなってしまう。この思い込みの強さこそ、このゲームの最大の障壁となる。つまり、鬼ごっこが続いている原因である。

しかし視点を変えると、このバリアがチャンスに見えてくる。「ツヨスギ君は思い込みが強い」ことは、この問題を解決するきっかけにもなり得るのだ。次の新しい「思い込み」を与えることができれば、鬼ごっこを忘れさせることができるかもしれない。

STAGE V

掘り当てろ！ 資源カード【資源を発掘する】

今までステージを進めてきたが、実は勇者Xはアイテム1つ持っていない、丸腰状態だ。戦う原動力（資源）となるアイテムや武器がないまま、魔物を倒すのは困難だろう。

そこで本ステージでは、問題解決の武器となる「資源カード」を発掘し、決戦に備える。あの手この手で、今回のゲームで活用できそうなカードを発掘しよう。

Q.1

Xの周辺にある「ヒト・モノ・カネ・情報」は具体的に何か？

洗い出せ【オウンド資源カード】

ヒント：どんな人も、実は多くの「ヒト・モノ・カネ・情報」を持っている。また逆に「持っていない」ことが武器になることも（詳しくは第3章で紹介）。

Q.2

ニュースなどに、今回の問題解決に使えそうな情報がないか？

洗い出せ【オープン資源カード】

ヒント：「最近面白い話ある？」など一見関係ない話を進める中で、ゲームクリアにつながる資源カードが見つかることがある（詳しくは第3章で紹介）。

新登場キャラ

資源カードには、2つの種類がある!

オウンド資源カード

自分が所有していて、自由に使うことができる資源

オープン資源カード

自分だけではなく、世界中の人々が
自由にアクセスできる資源

▶Xの周りにある「ヒト・モノ・カネ・情報」からオウンドをゲット
▶ニュースや本、雑談…など、あらゆる情報からオープンをゲット

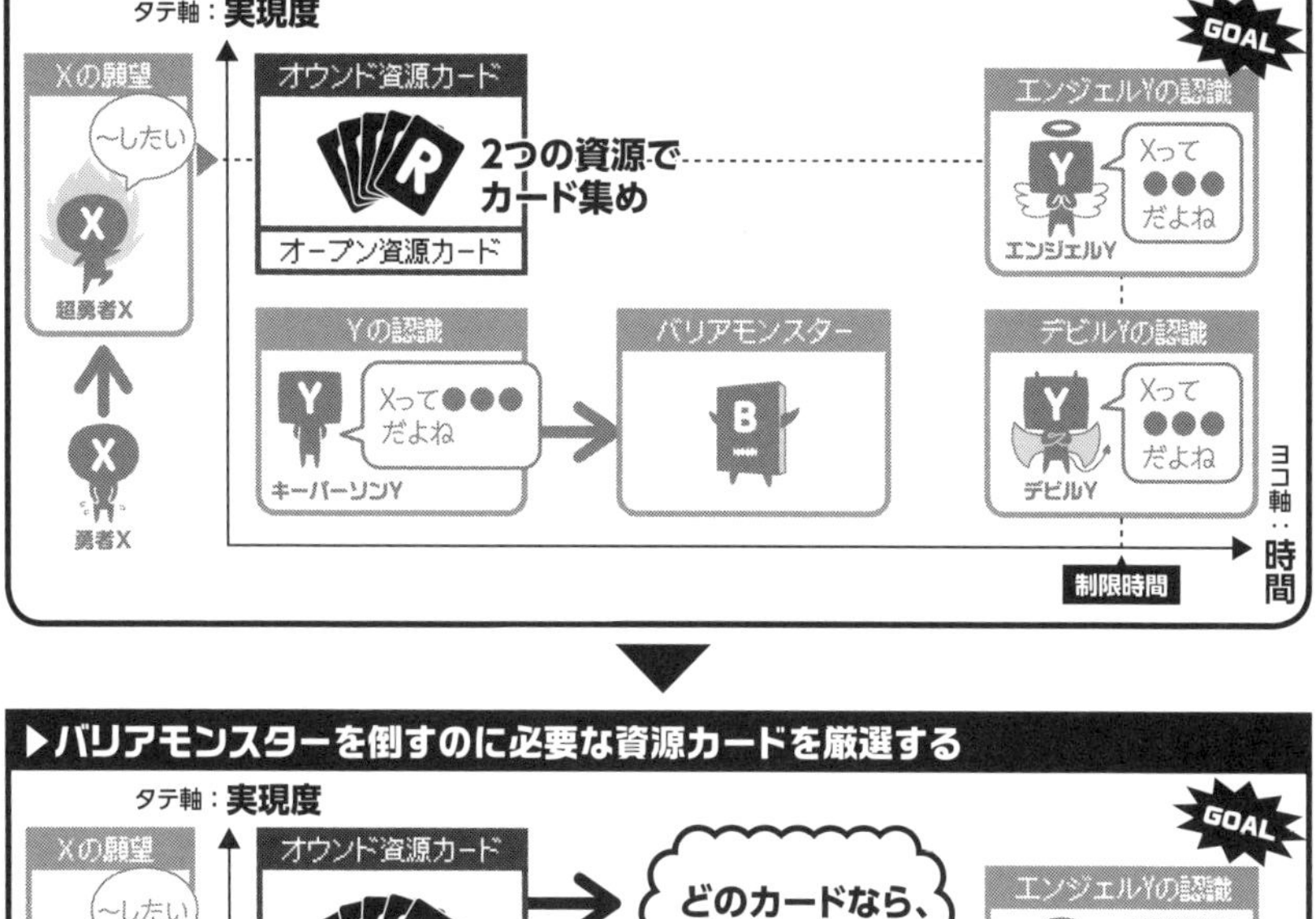

▶バリアモンスターを倒すのに必要な資源カードを厳選する

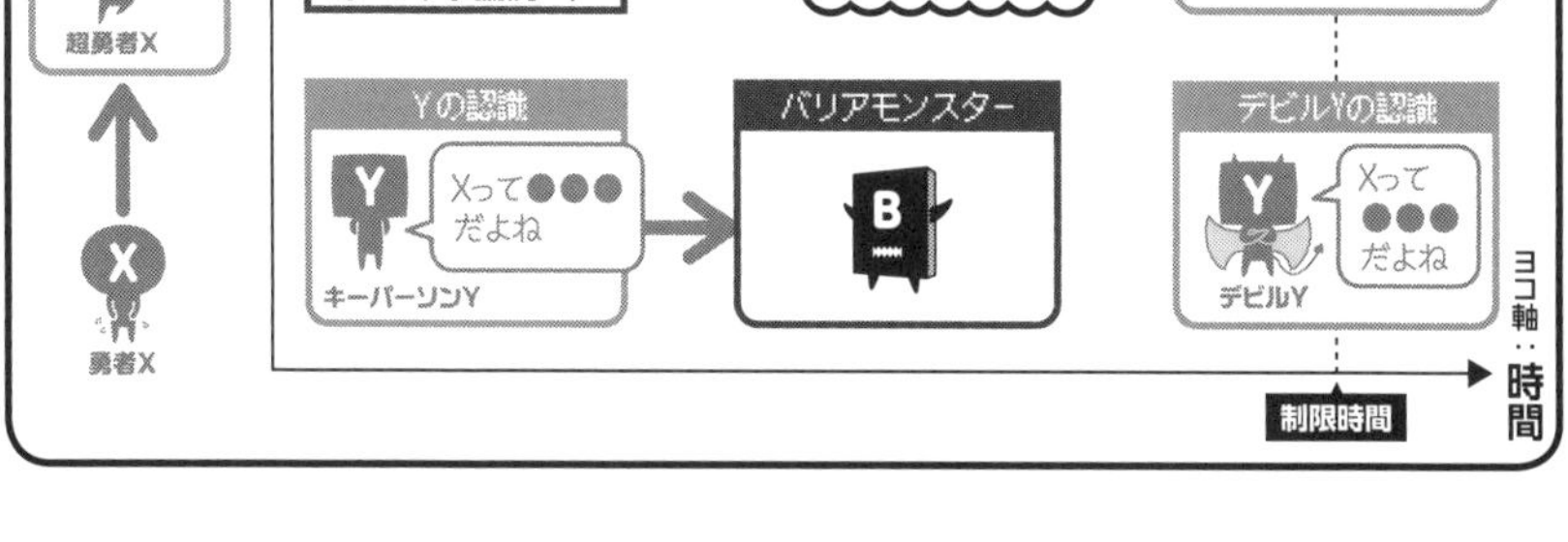

【お試しゲームAの回答例】

Q1

Xの周辺にある「ヒト・モノ・カネ・情報」は具体的に何か？ 洗い出せ【オウンド資源カード】

→【答】**調理で美味しくなる夏のうなぎ・人通りのある店先……など**

Q2

ニュースなどに、今回の問題解決に使えそうな情報がないか？ 洗い出せ【オープン資源カード】

→【答】**夏バテに困っていた町民たち・「夏バテには、丑の日に『う』がつく食べ物がいい」というジンクス……など**

まず、Xであるうなぎ屋さんや、うなぎそのものが持っている「オウンド資源」を次々に書き出してみる。しかし、なかなか強力なカードが見つからない……。そこで、うなぎとは一見関係がなさそうな「オープン資源」に目を向けてみる。
そんな中で、アイデアマンAさんは、江戸時代に人々の間ではやっていた「『う』がつく食べ物は、夏バテに効く」というジンクスの存在に、たどり着いたのだった。

【お試しゲームBの回答例】

Q1
Xの周辺にある「ヒト・モノ・カネ・情報」は具体的に何か？　洗い出せ【オウンド資源カード】
↓【答】**ツヨスギ君の思い込みの強さ……など**

Q2
ニュースなどに、今回の問題解決に使えそうな情報がないか？　洗い出せ【オープン資源カード】
↓【答】**ドッジボールを舞台にした人気漫画……など**

まずB君の周りで、何かツヨスギ君のキモチを動かすきっかけになりそうな資源カードがないかを探った。
しかし、なかなか見つからない。多方面の情報を掘り出してみたB君は、ツヨスギ君の「鬼ごっこ」好きを打ち崩す強力な資源カードとして、家の本棚の中から、ドッジボールを題材にした、ある漫画を発見するのであった。

STAGE VI

叫べ！ 大ディレクションロボ【基本方針を命じる】

ついにゲームクリアに至る最終ステージへ。ここでは、集めた資源カードを使って、「大ディレクションロボ」を召喚し、バリアモンスターを乗り越える。

このロボットは、Yのキモチをエンジェルへと導くため、「Xは何をすべきか？」の基本方針を示した「命令文」を繰り出し、戦況を一変させる。

Q1

基本方針として「どんな命令文」を叫べば、ゲームクリアに導けるか？【大ディレクションロボ】

ヒント：大ディレクションは常に命令文「〜セヨ」の形で規定される（詳しくは第3章で紹介）。

Q2

大ディレクションを踏まえた「具体的な行動」は何か？【小アクション】

ヒント：どんなに素晴らしい大ディレクションがあっても、小アクションがなければ現実世界は何ら変わらない。Yのキモチを動かす具体策を用意しよう。

新登場キャラ

大ディレクションロボ

左目に「Do〜セヨ！」、
右目に「Don't〜スルナ！」
と刻まれており、
常に険しい顔つきで、
命令文を発し続ける
司令官ロボ

新登場キャラ

小アクション

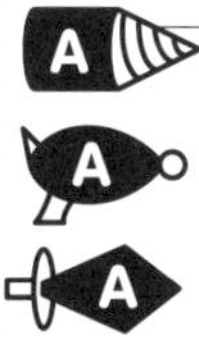

大ディレクションロボが
繰り出す技の数々。
バリアモンスターに
ダメージを与え、
乗り越える
キッカケをつくる

▶バリアモンスターを乗り越える基本方針として「命令文」を叫ぶ！

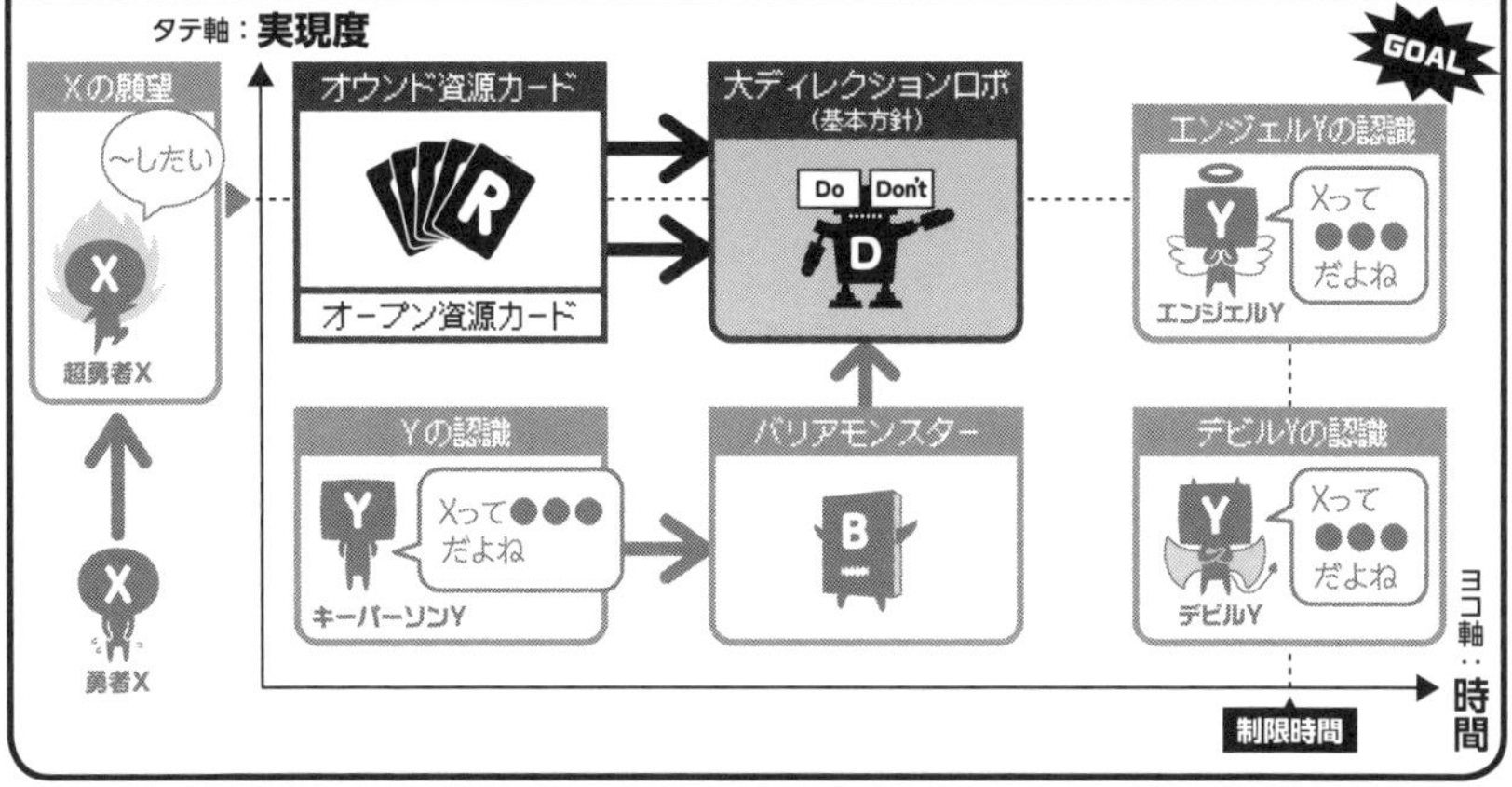

▶命令文にのっとって、小アクションを次々に繰り出して、ゲームクリア！

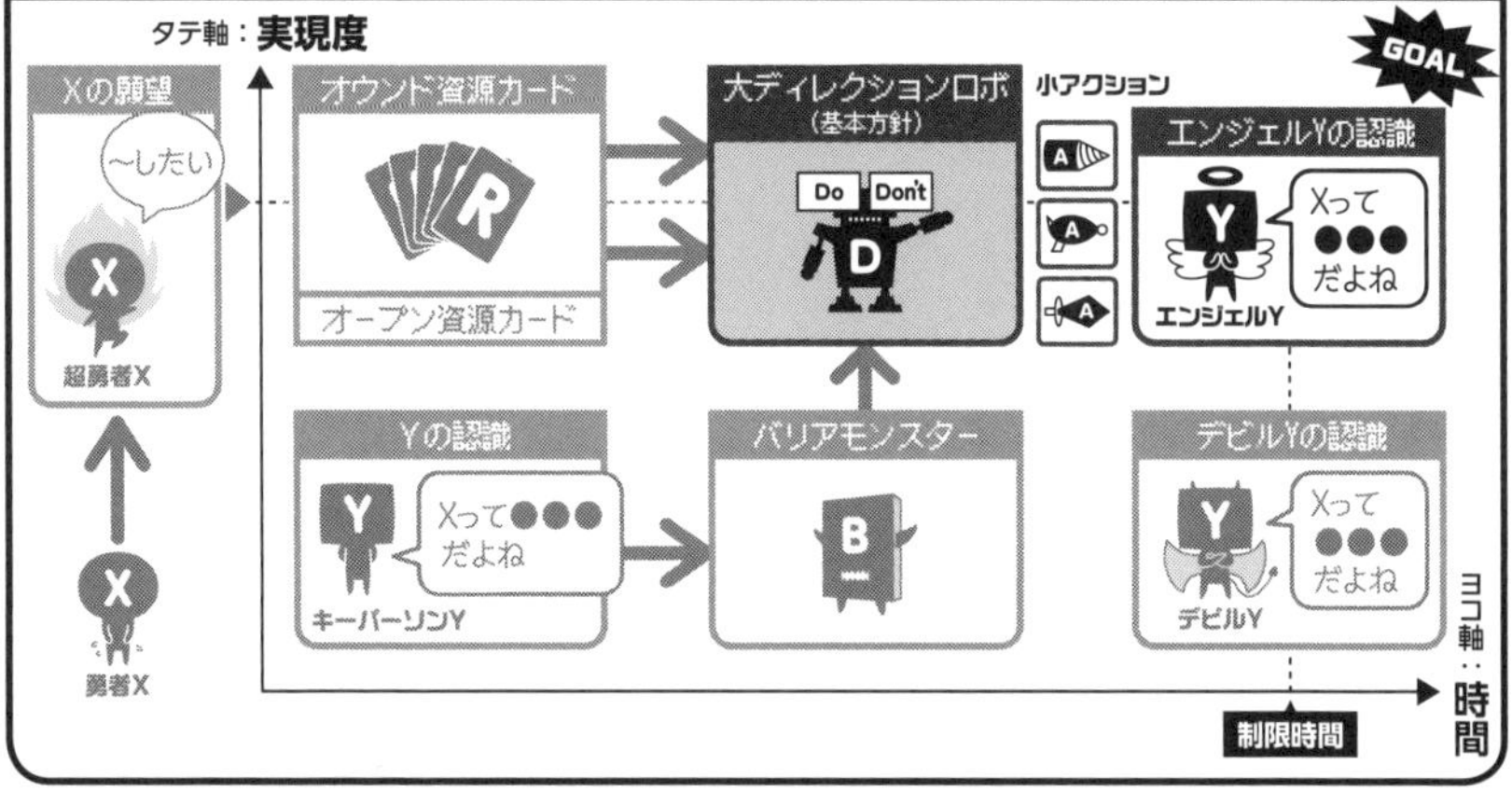

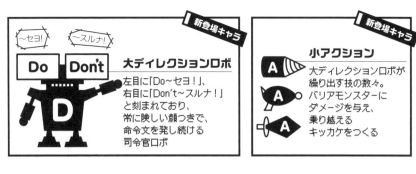

【お試しゲームAの回答例】

Q1

基本方針として「どんな命令文」を叫べば、ゲームクリアに導けるか？ 【大ディレクションロボ】

→【答】「旬のもの」ではなく、夏バテ予防の「滋養もの」として売り出せ

Q2

大ディレクションを踏まえた「具体的な行動」は何か？ 【小アクション】

→【答】看板「けう（今日）は丑の日。うなぎを食べよう」で宣伝する

アイデアマンAさんは、他の魚とは異なる売り出し方を提案した。それは、【「旬のもの」ではなく、「滋養がつくもの」として売り出せ！】という大ディレクション。秋冬に旬になるものを食べたいキモチは起きないが、「夏バテに効く滋養もの」となれば、暑い夏にこそ食べたくなる食材に大変身する。この大ディレクションに従い、看板で大きく「けうは丑の日」とアピールして売り出すプランを実行。見事、夏の売り上げは飛躍的に伸びたのであった。

なお、このゲームシナリオは、江戸時代、アイデアマン平賀源内が「土用の丑の日」を提案したとされている逸話を基に、筆者が創作を加えたものである。

【お試しゲームBの回答例】

Q.1
基本方針として「どんな命令文」を叫べば、ゲームクリアに導けるか?【大ディレクションロボ】
↓【答】**「スリルがナンバーワンの遊び＝ドッジボール」に変換せよ**

Q.2
大ディレクションを踏まえた、「具体的な行動」は何か?【小アクション】
↓**【答】ツヨスギ君に「ドッジボール漫画」を貸し出す**

B君は、ツヨスギ君（Y）に、スリル満点の遊び「ドッジボール」を提案する作戦を立てた。しかしB君は、Yに子分と思われているため、B君が直接オススメするだけでは、Yのキモチは動かない。むしろ「子分のくせに」と腹を立てるかもしれない。

そこでYに、ドッジボール漫画を貸し出す作戦に出た。Yは作戦通り、一夜で漫画を猛烈に読みあさり、キモチが動いた。翌昼、Yは言った。「みんな、今日はドッジボールやろうぜ!」

B君は、長く続いた「鬼ごっこの日々」から見事に抜け出したのだった。

このゲームシナリオは、筆者の小学生時代での経験を基に作成したものである。

ビギナーからマスターへ

ここまで説明したのが、ゲームマップの進め方である。これが、あらゆる問題に解決をもたらす**「基本の型」**となる。

また、お試しゲームで紹介した回答は、あくまで「例」である。筆者が示したものが唯一の答えではない。プレイヤーならではの着眼点があれば、それぞれの疑問文に異なる答えを見出すことができる。1つの問題に対して、十人十色の答えが並ぶこともまたゲームマップの面白さである。

本章で扱った「お試しゲーム」は、筆者が用意した「他人の問題」と向き合うストーリーだったが、今後は、「自身が抱えている問題や悩み」にぜひ向き合ってみていただきたい。また、本書の巻末に白紙のゲームマップを用意したので、ぜひご活用いただきたい。

ただしその際、「基本の型」だけでは、対処方法が示されていない難問と遭遇することがある。そこで、次章以降では、基本を学んだビギナー（初心者）の状態から、自由自在に問題解決ができる**ゲームマスター（熟練者）**へと、レベルアップするための考え方や実践的なテクニックを、様々な切り口から紹介していく。

第2章

わかる篇

人生を楽しむ
アイテムとしての
「戦略」

本章では、ここまで触れてこなかった「ゲームマップの根底をなす理論」について明らかにする。またその核心に触れることで、これからの時代において、「ゲームマップ」がより重要な武器になることも、併せて紹介したい。

ここで注目すべきキーワードが「戦略」である。一見、難解に思える「戦略」の正体は、実はシンプルなシステム（仕組み）からできている。

ゲームマップの正体

問題解決のプロたちが磨き続けた、とっておきの理論

ゲームの勇者になりきって、タテ軸とヨコ軸とに広がる1枚の地図を片手に、問題解決という冒険を楽しむ「ゲームマップ」。このツールは、筆者の単なる思いつきや、偶然の産物ではない。実は、はるか昔から、世界中の人々の知恵と歴史とで磨かれ続けてきた、ある理論がベースとなっている。

それこそ、本章の主題である**「戦略」**である。

世の中にある、ありとあらゆる問題において、その解決のカギとなるものこそ「戦略」なのだ。この2文字を正しく理解することで、より一層、自由自在に「ゲームマップ」を使いこなすことができるようになる。

仕事や読書を通じて、既に「戦略」という言葉に特定のイメージを持っている方も、一度「そもそも論」に立ち返って、戦略についての考えを深めていただきたい。

クリエーティブ・ストラテジスト（戦略家）という職業

筆者は日々、「クリエーティブ・ストラテジスト」という肩書きで「戦略」と向き合っている。コピーライターが「言葉」という武器を駆使してアイデアを生み出すように、広告の仕事で培ったクリエーティブアイデアの力を、「戦略」という武器を通じて、様々な分野の問題解決に応用している。

「TVCMやデジタルメディア、PRを組み合わせて、商品ブランドの売り上げを120％にしたい」といった広告プロモーションの仕事はもちろんだが、広告以外の仕事も多い。ある企業の役員会議で「3年以内にスタート可能な新しい事業構想をつくれないか」という相談に向き合うこともあれば、地方都市を訪ねて「働くママの幸福度が上がる街づくり」のお手伝いをすることもある。

また、仕事場を離れても、つい戦略のことを考えてしまう。友人との食事の席で、「どうしても買いたいものがあるのに妻を説得できない」と愚痴を聞けば、一緒に作戦を考える。また筆者が講師を務める大学で、学生さんから「勉強とバイトの両立が難しい」と打ち明けられると、お節介な先生だと笑われる覚悟で、「根本的な解決策は……」と、大真面目に議論することもある。

そんな「戦略バカ」だからこそ見えてきた、仕事やプライベートを問わず、あらゆる問題解決に通じる**「戦略づくりの型」**をまとめたものが、**「ゲームマップ」**である。

そのため、「戦略とは何か？」を正しく把握することは、マップを使いこなす重要なカギとなるのだ。

戦略ブームがもたらした弊害

終わりなきモグラたたき

仕事が上手くいったと思ったら、プライベートで何か問題が起きる。また逆に、プライベートの悩みが解決したと思ったら、仕事で予期せぬ別の問題が発生する……。忙しい毎日を生きる現代人は、まるで終わらないモグラたたきのように、次々と押し寄せる問題に悩まされている。

そんな毎日に対応するかのように、書籍やネットニュース、最近ではテレビ番組などでも、次々と新しい**「〇〇戦略」**が生み出されている。

■これからのビジネスには、「**AI（人工知能）戦略**」が欠かせない

■ハーバード大学式「**戦略的コミュニケーション**」のススメ
■最新の脳科学が教える、誰でも痩せられる「**ダイエット戦略**」

例を挙げればきりがないほどだ。ある出版関係者が、次のように語ったのが印象的だった。「戦略という堅い言葉がここまでジャンルを選ばず使われるなんて、一昔前にはありえなかった。まさに『**戦略ブーム**』ですね」

では、この戦略ブームは「終わりなきモグラたたき」から、人々を救い出すことができているのだろうか。残念ながら、その答えは「NO」である。なぜなら、ここで使われる「戦略」という言葉には、3つの問題点があるからだ。

問題点❶：「何となく」使われているだけ

様々なメディアで「戦略」という言葉が多用される影響だろうか。「戦略的に〜」という会話を、仕事ではもちろん、日常生活でもよく聞くようになった。

大学の講義で、学生さんに「『戦略的』という言葉を使ったことがありますか？」と質問してみると、驚いたことに、社会人経験のない大学生の多くが、SNS上や友人との会話で、複数回使った経験を持つと答えた。

一方で、彼らに「では、『戦略的』とは一体どんな意味でしょうか？」と尋ねてみると、「よく考える、という意味かな」「計算高く動く、ということでしょうか」など、曖昧な回答が続く。ある学生さんからは「よく分からないままに、何となく響きがカッコイイから、使ってるだけかも」という正直な答えも返ってきた。これは、多くの社会人にも当てはまる状況ではないだろうか。

「戦略」「戦略的」といった言葉を、「賢く聞こえそうだから、とりあえずつけ足しておこう」というニュアンスで使うのが戦略ブームの実態ならば、残念ながら「戦略」の持つ魅力も価値も、まだまだ社会には広まっていないということになる。

問題点❷：「戦略」の話は、どれも難しい

「戦略」という言葉には、難解なイメージがつきまとう。ＭＢＡ（経営学修士）のように、ごく一部の人たちだけが使う専門スキルだと思われがちだ。

書店にある専門的な戦略本を手に取ってみると、そこに書かれているのは「戦争」や「経営」といった難解なトピックが目立つ。それゆえ、「戦略って、私の仕事や生活に関係あるの？」と多くの人が感じてしまうのも仕方がない。

しかし実際には、それらは「戦略の使い方のごく一部」にすぎない。実は、「戦略なん

て考えたこともない」と思う人も含め、ほぼすべての人が、自ら戦略をつくった経験を持つ。

第1章で体験いただいた「ゲームマップ」にもあったように、子どもの頃に夢中になった遊びにも、戦略の考え方は活かされている。鬼ごっこで言うならば、「逃げる・隠れる」「足が速くなる運動シューズを買う」「そもそも鬼ごっこをしない環境をつくりだす」というような、遊びの中で生み出す様々な創意工夫こそ、戦略の基礎となるものなのだ。

問題点❸：「基本のキ」が抜け落ちたままの「〇〇戦略」

お受験戦略、転職戦略、話し方戦略……。こうした「〇〇戦略」というフレーズは、様々な知識を「一問一答」形式のハウツーとして教えてくれる。例えば「プレゼン戦略」では「プレゼンの秘訣は……である」ということが示され、「就活戦略」では、「就職活動の決め手は……だ」といったことが語られる。

この「〇〇戦略」は、役立つ情報を簡単に得られる便利さがある反面、病気の治療で言えば「対処療法」のようなもので、目の前の状況に対応しているにすぎない。対処療法のみに頼っていては「終わりなきモグラたたき」に陥ってしまい、後手後手の対応になりがちだ。

例えば、子育てに悩む親が「お受験戦略」を学ぶ途中、職場では「部下との接し方」という新たな悩みに直面し、また別の戦略を模索せざるを得なくなる。1つひとつ答えを見つけようとする真面目な人ほど、未解決の問題が積み上がる。時間は刻一刻と過ぎる一方で、悩みは増すばかりだ。

サッカーをするのに、いきなりヘディングシュートを練習する人はいない。まずはパスやドリブルの基礎から始める。冒険RPGであれば、いきなり手ごわいボスキャラと戦うのではなく、まずはすぐに倒せるザコキャラとの戦闘を繰り返し、きちんとレベル上げをする。このように、どんなゲームも、**「応用」は「基本」の後**に行う。

しかし困ったことに、戦略ブームで語られる「○○戦略」の多くは、基本をスキップした応用編ばかりだ。戦略への根本的な理解が抜け落ちたまま、応用編の知識を仕入れても、身につけられるのは、一問一答形式の表面的なテクニックだけとなる。

そこで、各分野の細かいテクニックの話に入る前の大前提、戦略にとってのパスやドリブルとなる基本要素だけを落とし込んだものが「ゲームマップ」である。

戦略は「誰かの願望」からできている

見方を変えて定義する

「戦略とは何か」という問いへの答えは、古今東西、様々に語り継がれてきた。その多くは、歴史上の人物や軍人による「戦争戦略の定義」か、もしくは学者や経営者たちが語る「経営戦略・マーケティング戦略の定義」といったものだ。

いずれも、戦争や企業経営に携わる人にとっては貴重なアドバイスとなる一方で、それらになじみがない人にとっては、堅苦しいものに聞こえてしまうだろう。そこで筆者は、以下のように定義することにしている。

戦略とは「制限時間内に、誰かの願いを叶える方法」である。

戦争や企業競争に特有の「敵国に勝つ」「敵を倒す」といった物騒な言葉は出てこない。その代わりに重要になるのが、「誰かの願いをかなえる」というキーワードだ。また、**「制限時間」**という時間軸の要素が入っていることも、記憶の片隅に留めておいていただきたい。

具体的に考えてみよう。例えば「合格点を取りたい」という自分の願いがあって、それを「期末テストまで」に実現する方法を描いたものが「テスト対策戦略」となる。また、「久しぶりに水着を着たい」という友人の願いを「次の夏まで」に実現する方法を一生懸命に考えたなら、それは「ダイエット戦略」になる。

誰もが過去の戦略に「乗っかって」生きている

戦略は、「誰かの願いをかなえる」ために、何かしらの**「システム（仕組み）」**をこの世に生み出す。そうして過去の戦略によって生み出された様々なシステムが折り重なって、今の世界が出来上がっているといっても過言ではない。例えば、次のようなものがある。

【日常に潜むシステム例】

■虫歯を予防するために、寝る前に行う**「歯磨き」**
■男女で新しい家族をつくる**「結婚」**
■女性が気持ちをチョコに代えて伝える**「バレンタインデー」**
■国民の代表として、国会議員（政治家）を選ぶ**「選挙」**
■家族みんなで暮らす家を購入しやすくする**「住宅ローン」**

このように、何かしらの形で、誰もが過去の戦略によってつくられた「システム」に「乗っかって」生きている。

私たちは普段、既に存在しているシステムについて、改めて考える機会は少ない。そのため気づきにくいが、無意識のうちに受け入れている習慣や常識の多くは、過去の戦略が複雑に絡み合って生まれた産物なのだ。

過去の戦略によって生み出されたシステムは、**「常識」「当たり前」「習慣」「ルール」**、はたまた**「親の敷いたレール」**などといった名を与えられ、日常の中に紛れ込んでいる。

例えば、今の日本に潜むシステムのことを考えてみよう。「江戸時代の町民文化」から生み出された「江戸前の寿司を食べる」という**食文化**や、「明治時代に輸入された欧米文化」から当たり前となった「和服ではなく、洋服を着る」という**ファッションスタイル**。または「戦後の経済発展を支えた近代化」によって生まれた「平日は働いて、日曜日は休む」といった**行動習慣**。こういった様々なシステムが複雑に絡み合って、今の私たちの日常生活が形成されている。

ただし、ここで注意していただきたい。戦略は決して絶対的な存在ではない。例えば、先に紹介した「日常に潜むシステム例」に、違和感を抱いた人もいると思う。

■「バレンタインに女性がプレゼント？　外国では逆だと聞いたけど……」
■「なぜ結婚しなきゃいけないの？　結婚しない自由もあるし、そもそも性だって男と女に限らない。それって古い価値観だよ」
■「『家＝買うもの』は偏見じゃない？「持ち家＝リスク」って考えもあるよね」

このように、人は様々な戦略に「乗っかって」暮らしながらも、何かがキッカケとなり、今まで平然と受け入れていた戦略に対して、違和感を抱くようになる。

「ライダー」から「メイカー」の時代へ

「死んだ戦略」が急増する時代

生き物と戦略には、ある共通点が存在する。それは、戦略もいつか「寿命」を迎えるということだ。どんなに元気であっても老いには勝てず、いずれ死に至って朽ちる。そうして**「死んだ戦略」**となった途端、本来の機能が果たせなくなる。その上でいくら努力を重ねても、残念ながらその努力は実らない。これまで平然と乗っかっていたシステムに対して、急に違和感を抱く理由はここにある。

例えば、高度経済成長期には「家族みんなで暮らす家を買うことが最大の幸せだ」と考える日本人が多かった。しかし現在では、「家を買うのは損」や「そもそも結婚しない自由だってある」と考える人も増え、様々な住居スタイルや家族の形が生まれている。

また、筆者が中学生の頃、いわゆる筋トレの定番と言えば「腹筋運動」だった。放課後の部室では、「1、2、3」と一心不乱に、回数を競い合ったものだ。しかし2016年、日本バスケットボール協会は、推奨できないトレーニングに「腹筋運動」を指定した。椎間板を痛めるという研究結果が発表されたためだという。つまり、ある日突然、「腹筋を頑張る＝褒めるべき」から、「腹筋を頑張る＝避けるべき」へと変化が起こった。

このように、誰も疑うことがなかったシステムや常識は、ある日突然「死んだ戦略」となったり、「実はもともと死んでいた」ことが判明したりする。

また、今後「死んだ戦略」はより身近な存在になっていく。そこには2つの原因がある。

1つ目は、戦略の賞味期限がさらに短くなるからだ。これまでは誰かがつくった戦略に「正しく乗っかって」いれば、長い時間をかけて努力を実らせることができた。業界を問わず、下積みをコツコツと積み重ねることが大成への道だとされてきたのが一例である。

しかし時代の流れは、確実に早さを増している。テクノロジーや環境の急激な変化により、様々な分野で戦略の賞味期限が短くなりつつある。例えば、屋外で誰かに電話をするアイテムは、長らく「電話ボックス」だった。それが「携帯電話」に変わったと思いきや、いつの間にかそれらは「ガラケー」と呼ばれるようになり、さらに代わって「スマホ」が当たり前となった。この変化に要した時間は、わずか十数年だった。

2つ目は、「100年時代」というキーワードに象徴される、長寿社会の到来だ。「サラリーマンで60代まで頑張って、残りは老後生活」という生き方、つまり戦後多くの日本人が頼ってきた「サラリーマン人生」という戦略自体が、機能しにくくなってくる。

戦略が持つ賞味期限は短くなり、一方で人間の寿命は延びる。この2つが合わさることで、人が生きている間に「死んだ戦略」と出合う回数は、増えていくことになる。

また、戦略の死は直接の痛みを伴わない。そのため、戦略は誰にも気づかれずひっそりと死んでしまうことが多い。それゆえ、どこで「死んだ戦略」に足を取られるか、もしくはもう既に取られているかも分からない状況に陥ってしまうのだ。**戦略の賞味期限切れリスク**が、私たちには常につきまとっている。

「戦略づくり」は、コスパが良い

死んだ戦略が蔓延する時代に、成果を上げるのは、どんな人々だろうか？

それは、自分で「戦略をつくれる人」である。既に目の前にある、誰かがつくった戦略やシステムに「乗っかる」だけではなく、まるでＤＩＹ（日曜大工）のように、あり合わせの材料を駆使して、自前で**「戦略づくり」**を実践できる人たちだ。

真面目な人ほど陥りやすい「どんな苦しいことも我慢して、ひたすらに言われた通り努力しよう」という愚直な「乗っかり発想」は、これからの時代では毒になる。

目まぐるしく変わる世界では、既存の戦略を乗りこなす「戦略ライダー」よりも、戦略を自らつくる**「戦略メイカー」**のほうが、コストパフォーマンス（コスパ、費用対効果）が良い。なぜなら、「戦略づくり」のイロハを身につければ、たとえ今の戦略が死んだとしても、何

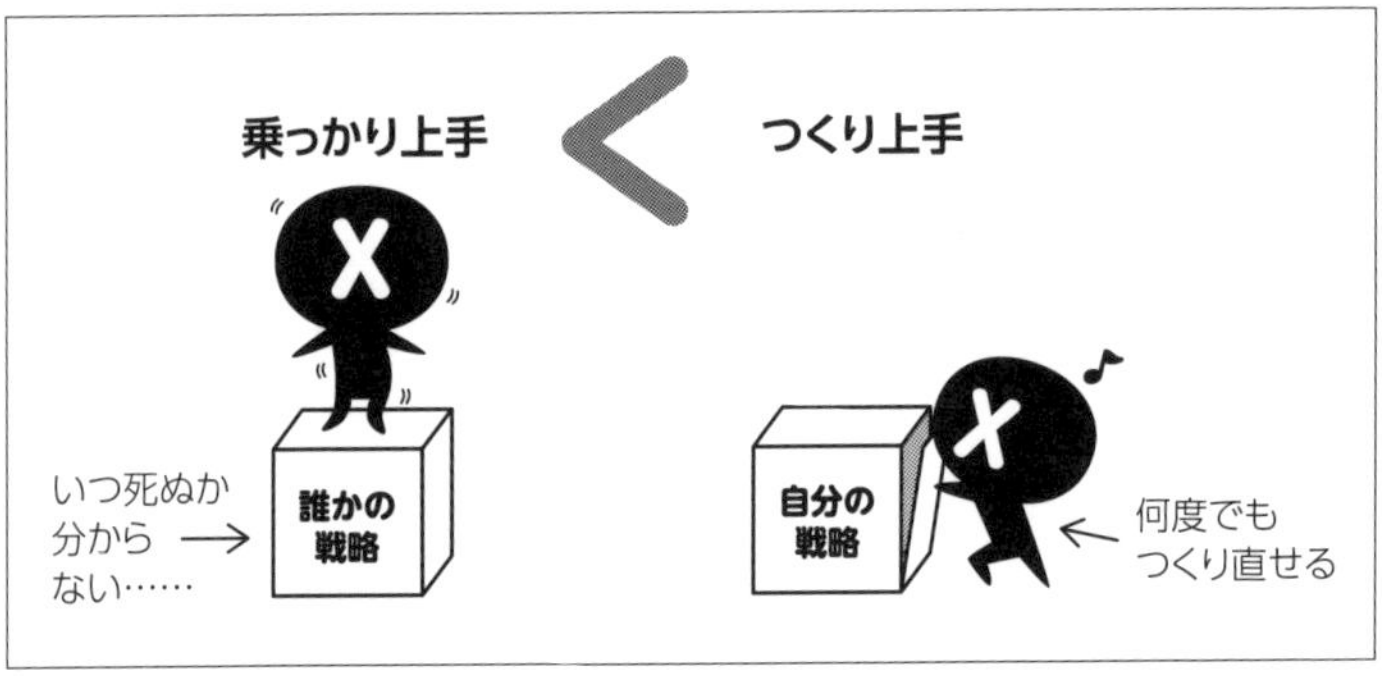

度でも立て直すことができるからだ。

また、無駄な時間や労力に振り回されず、努力を実らせる人たちは、過去に自分がつくった1つの戦略に乗っかり続けるような、コスパの悪いことはしない。

ちなみに、この「あり合わせで行う戦略づくり」という手法は、とっぴな最新理論ではない。社会人類学者クロード・レヴィ＝ストロースが50年以上前に発表した『野生の思考』（みすず書房）の中で説く「ブリコラージュ」という概念にも通じる。詳細は避けるが、興味がある人はぜひネット検索や入門書を通じて、触れていただきたい。

「戦いに勝つ道具」を「人生を楽しむ道具」に

戦略は、何のための道具なのか？

学生時代の短い期間、筆者はイギリスのロンドン芸大で学ぶ機会を得た。そこにはロシアの建築家の卵や、現代アーティストの工房で働いた若手画家、ファッションデザイナーへのキャリアアップを目指すモデルなど、世界各国から多くの学生が集まっていた。

「芸大で戦略を学ぶ」と聞くと、意外に思われるだろうか。授業はもちろん、学生同士の会話でも**「戦略（strategy）」**をよく耳にした。自分の作った作品を伝えるプレゼンテーションを組み立てるにも、作品を創作するにも、戦略は欠かせないと考える友人が多かった。そんな中、1人の友人が熱心に語ったことをよく思い出す。「僕は兵役で戦略を叩き込まれた。この経験は、アートビジネスはもちろん、今後のキャリアに生きるはずさ」

確かに「戦略」は戦争から生まれ、「敵国を倒す」「自国を守る」という願望のために活用された。その後「経営戦略」や「マーケティング戦略」など、ビジネス界で花開いた。そんな歴史の中で、多くの人の知恵と経験が**「戦略論」**という形で蓄積されている。

しかし、「戦略論」の適用範囲はまだまだ限定的だと言わざるを得ない。仕事にも人生にも、様々に活用できる**「戦略づくり」**の方法論が、広く一般の人々に知られていないのは、大変にもったいない。そう考えている。

戦略づくりの基本的なエッセンスを解釈し直すことができれば、あの手この手で敵を打ち負かす「戦いに勝つ道具」としての戦略づくりを、すべての人が目の前にある悩みを乗り越える**「人生を楽しむ道具」**に変えることができるのではないだろうか。

MITや脳科学が重要視する「ゲーム」

近年、「教育にゲームや遊びを活かす」という試みが盛んに行われている。MIT（マサチューセッツ工科大学）メディアラボでは、新時代の教育法として「4P」という概念を提唱している。「パッション（情熱）」「プロジェクト（事業計画）」「ピア（仲間）」に続いて、「プレイ（遊び）」が大事だと説き、とことん楽しむ心が欠かせないという。

また脳科学の分野では、人間に「快」の感覚をもたらす「報酬系」という神経が注目され、「ゲーム感覚で活動すると、脳が活性化する」といった研究が進んでいるという。

このように、学習にゲーム感覚を取り入れることは、世界では「新しい当たり前」になりつつある。

しかし、日本ではこのような取り組みを積極的に受け入れる土壌が広がっていないのが現状だろう。親が子どもを叱る常套句の1つに「ゲームなんかしてないで、勉強しなさい」というものがあるように、ゲームは単なる娯楽だという偏見意識がいまだに根強いように思う。だからこそ、いくら先端的な教育機関や脳科学の専門家が「ゲーム感覚で、ワクワク学ぼう」と提唱しても、なかなか行動に移せないのだ。

このような状況には、単なる掛け声ではない、もっと具体的な方法論、ゼロから頭の動かし方を教えてくれる思考ツールが必要だと思う。

そこで、嫌々に挑む「勉強感覚」ではなく、自ら「ゲーム感覚」で戦略づくりを実践するための具体的なステップを示したツールが**「ゲームマップ」**だ。現実に降り掛かる様々な問題をゲームに仕立てることで、ワクワク感をもって問題解決に挑むことができるようになる。

COLUMN

戦略の三大原則

ここで「戦略の三大原則」を紹介する。ありとあらゆる「戦略」に、この3つの原則が当てはまる。「戦略とは何か？」を常に忘れずにいるためにも、ぜひ頭の片隅に留めておいていただきたい。

原則①　戦略とは、「同じ構造」を持つ

●算数の公式や理科の化学式のように、決まった構造を持つ。

●構造さえ理解できれば、様々な問題解決に応用できるようになる。

原則①
同じ構造

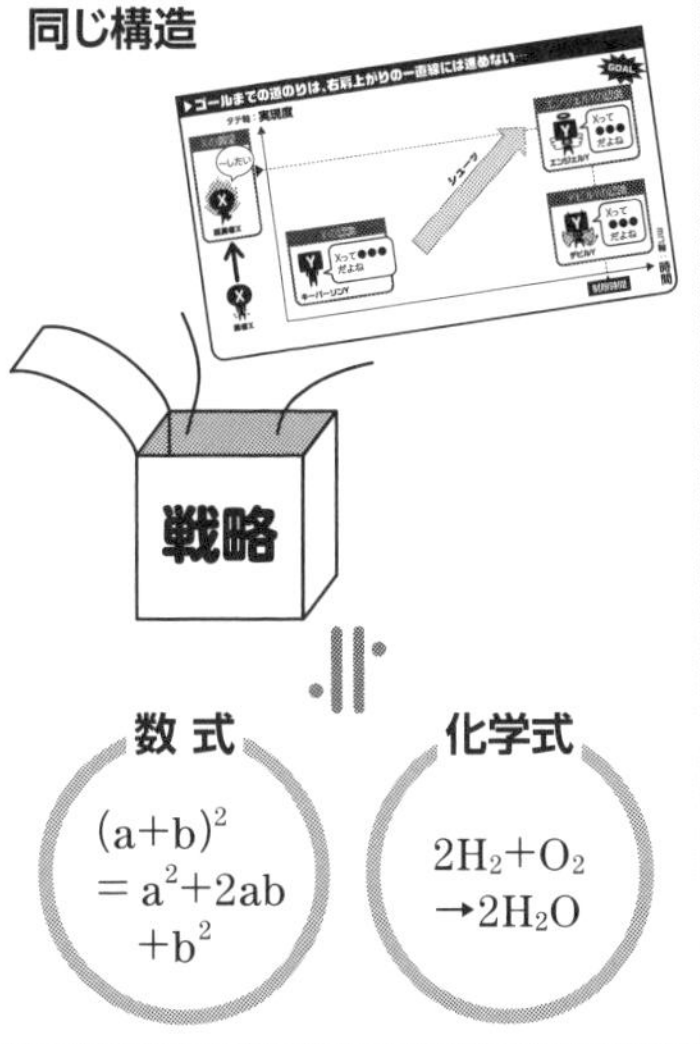

原則②
戦略とは、「ナマモノ」である

●生鮮食品のように、時間が経てば変化していく（時に腐っていく）。
●昨日と今日では同じではなく、環境の変化に合わせて、変わり続ける。

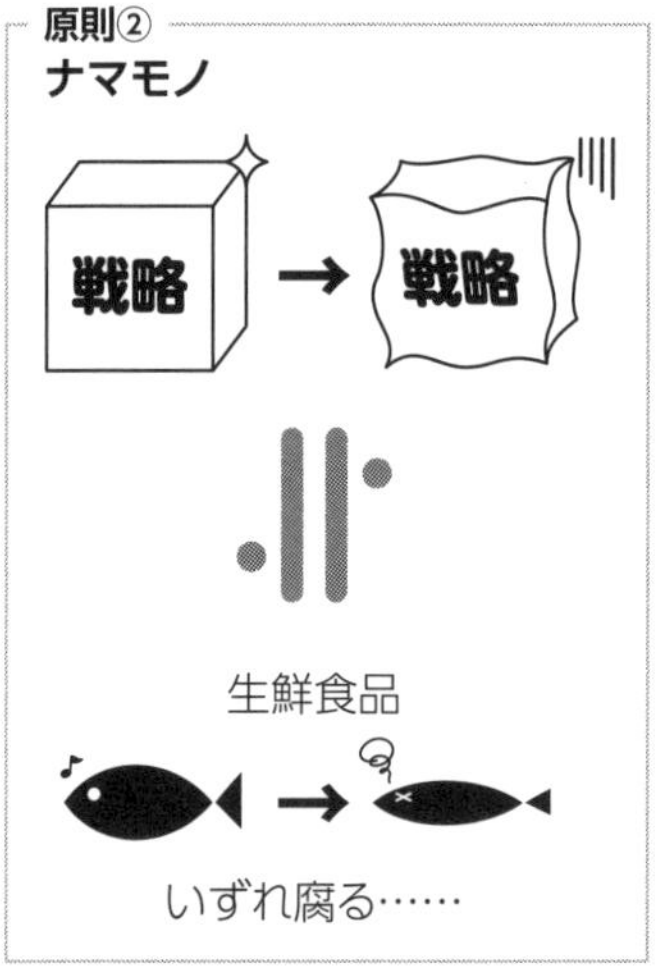

原則③
戦略とは、「ミルフィーユ」である

●1つの物事の裏側には、いくつもの戦略が、層をなして織り込まれている。
●接する「戦略」同士は影響し合う。基本的には、上層が下層に影響力を持つ。
例：人生戦略、サラリーマン戦略、出世戦略

原則③
ミルフィーユ

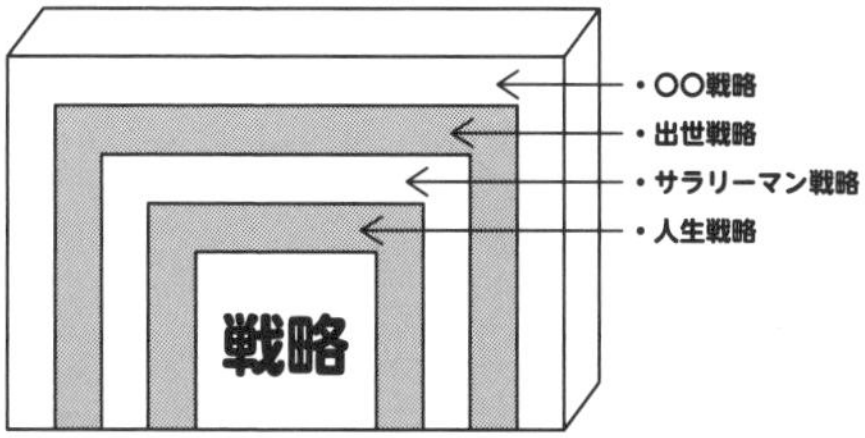

層がいくつも重なっている

第3章

つくる篇

「分からない」を退治する、ワンランク上の戦略づくり

本章では、戦略策定のプロフェッショナルたちの知見を活かして、「ゲームマップ」をより高度に使いこなすための具体策を紹介する。

- パート1「4つの呪文」で、思い通りにいかない袋小路から抜け出す
- パート2「突破Q」で、ステージごとの攻略ポイントを深掘りする

パート2では、経営戦略やマーケティング戦略の現場で実践されている重要トピックも扱っている。そのため、「まずは手早く本書のエッセンスを把握したい」と思う方は、本章を読み飛ばして第4章へ進んでいただければと思う。

パート1 思考停止から抜け出す「4つの呪文」

困難な問題解決に挑む場合、「ステージⅠからⅥまで順々に進み、難なくゲームクリア」という展開はまれだ。実際には、ステージ間を「行ったり来たり」することになる。

その過程では、進むべき道が見えなくなり、「ここからどうゲームを展開すればいいのか分からない」という袋小路の状態に陥ってしまうことも多々ある。

そんな時、ゲームの世界では「呪文」が助けになってくれる。敵を攻撃したり、自分の体力を回復したり、それぞれ効果が異なる呪文が、行き詰まった状況を乗り越える原動力を与えてくれるのだ。

これから、「ゲームマップ」をよりスムーズに進めるための「4つの呪文」を紹介する。実際にゲームプレイする中で、ぜひ声に出したり、心の中で唱えたりしながら、活用いただきたい。

①赤き攻撃呪文「トリコレ！」——とりあえずコレに決めた！

別名：仮固定アンサー

いざゲームマップと向き合ってみたものの、答えがすぐに思いつかず、項目を埋められない状態が続いてしまうと、戦略づくりへの意欲がなくなってしまう。そんな時は、前に進むエネルギーを与えてくれる、炎のような赤き呪文が有効だ。「仮固定した答え」で前に突き進む**「トリコレ！」**である。

ここで言う仮固定とは、「いずれ変更する」ことを折り込み済みで、少し強引にでも一度答えを設定してしまうことだ。どんな難題に直面していても、仮に答えを置いてしまえば、とりあえずステージを進めることができる。工作や裁縫をする時にも「仮止め」という工程があるが、これと同様の考え方だ。最終的な答えを導く目安が「見える化」されることで、作業効率が飛躍的に高まる。

しかし真面目な人ほど、中途半端にも思えるこの**仮固定（とりあえず）という発想**が苦手なようだ。大学の講義でも、懸命にノートをとる学生は、仮固定が不得手なことが多い。一度決めた仮固定を捨てることは、不真面目な行為でも、問題から逃げ出すアクションでもない。「とりあえず」という気軽さが、ゲームを前進させる力をくれるのだ。

むしろ、一度決めた答えに固執するのは、戦略づくりでは命取りになる。なぜなら戦略はナマモノだから。一度仮固定した答えは、軽やかに、大胆に、捨て去る必要がある。

イオンドライヤーやUSBメモリを生み出したビジネスデザイナーの濱口秀司氏は、ある対談で「即考えて、即答える」ことが大事だと答えたという。彼はどんな難しい問題でも、「持ち帰って考える」ことはせず、その場ですぐに考え始めるという。そしてその夜には、一応の結論を出すのだそうだ。「いい答えでなくてもいい。初めから正解を言わなくていい。一度答えを導き出したら終わり、でもない」。「変えたり、戻ったり。そうして答えを突き詰めながら頭を使い切る」という。

「トリコレ！」で養う姿勢は、まさに「即考えて、即答える」である。まず一度、「トリコレ！」と叫んでみていただきたい。

②青き補助呪文「イマドコ？」
——今ドコを考えているのか？

別名：前前思考。考える前に「ドコを考えればよいか？」を考える思考法

問題解決にチャレンジする時の大敵の1つに、**「ガムシャラ」**という状態がある。この語源は、一説には「我無性《ガムショウ》」と言われる。つまり、物事にのめり込むモチベーションを与えてくれる代償として、知らぬ間に冷静な自分ではいられなくなるのだ。

この状態に陥っている時、どんなに優秀な人でも方向感覚を失ってしまう。そんな時は必ずと言っていいほど、無駄な行動が増える。そこで、ガムシャラな状態から救い出す青き呪文**「イマドコ？」**を唱えよう。ゲームマップを眺めながら、「今、マップのドコの議論をしているのか」から考え直すと、**「自分が何を考えるべきか」**が明確になる。

「動く前に考える」ことを心がけている人は多い。そうすることで、数々の無駄を省けると考えている。しかし残念ながら、それだけではガムシャラから抜け出すことは難しい。せっかく時間を設けて考えみても、その「考えること」自体がズレていたら、結局は無駄な時間を費やすだけになってしまうからだ。

そこで、何か行動を起こす前に「イマドコ？」を唱えることで「動く前に考える」からもう一歩踏み込んで、「考え始める前に、考えること自体（何を考えるために時間を使うべきか）を考える」習慣を身につけることができる。すると無駄は激減し、高い生産性が得られる。

ゲームを進め、なかなか退治できない問題と対峙し、悶々とする中で、1人でガムシャラになってしまった場合、もしくは、人と議論してヒートアップしてしまった場合には、ぜひ「イマドコ？」と唱えて、冷静な態度を取り戻し、全体像を見渡そう。

③虹色の変身呪文「モシダレ?」——もし、ダレダレさんだったら?

別名：変幻自在カメレオンの術

「尊敬する人は誰ですか?」と聞かれたら、誰を思い出すだろうか。憧れる仕事ぶり、ほれぼれする発想力、思わずまねをしたくなるライフスタイル……。日々の生活や仕事の中でふと思い出す、お手本としたい人物のことだ。著名人や有名人である必要はない。職場の先輩や、親であってもOKである。

筆者であれば、普段から仕事術を学んでいる師匠や、刺激をくれるクライアントの方々がいる。また「スタジオジブリプロデューサーの鈴木敏夫氏」「劇作家の平田オリザ氏」「予防医学研究者の石川善樹氏」などの、業界外の知識人たちの知見を、書籍やラジオ、ウェブニュースや動画サービスを通じて積極的に取り入れるようにしている。

このような、言わば「心の師匠」を自らの身体に憑依させるのが、変身呪文**「モシダレ?」**である。憧れの人になりきって、自分の問題解決に挑むのだ。

ポイントは、「頭の中で、考え方だけマネしてみる」ことにとどまらないこと。モノマネ芸人のように、「身体的になりきってしまう」ことを目指すのである。考え方だけではなく、その人の口癖や方言、しぐさ、手の動きなども真似しながら、「心の師匠」になりきってみる。その上で、自分でつくった「ゲームマップ」に「次々にツッコミを入れていく」という方法で、戦略を磨く呪文だ。

実際にやってみると、思いもしない意見が「心の師匠」から飛んでくる。「これではダメ！」「ダサい企画！」「問題はそこじゃないだろ！」など耳の痛い批判に加えて、「俺だったらこうする」という代案まで飛び出してくれれば、変身呪文がうまく使いこなせている状態と言えるだろう。

そんな脳内で繰り広げられる妄想を受け止めて、ゲームを進めるヒントに変えよう。自分1人では思いもしないような出口を発見することができる。

もちろん、実際に相談できる人がいれば、妄想だけではなく声をかけてみよう。ただしその場合も、事前に一度「モシダレ？」を自問しておけば、質疑の質は向上する。

④白き回復呪文「ナカナカ！」——中々に、よくできました！

別名：グッジョブ・マイセルフ

「ゲームマップ」は、何よりも**遊び心**を大事にしている。とは言え、現実に苦しめられている問題と向き合うゲームのため、苦しい場面に陥ることもある。

そんな中で、遊び心を失わずにゲームクリアまで突き進む力をくれる行為がある。それは「自分で自分を褒めてあげる」ことだ。心が折れそうになったら、モチベーションを回復させてくれる白き呪文を唱えよう。マップ上の項目を1つでも埋めることができたら、そのたびに自分の頑張りに**「よくできました」**のキモチを表し、心の中で唱える習慣を身につけていただきたい。

以前仕事でご一緒した、ある精神科医の話によると、日本で生まれ育った人は、その真面目さのせいで「自分を褒めること」は良くないことだと考えがちだという。褒める行為自体が向上心をむしばんでしまうというのだ。しかし、実際は逆ではないだろうか。自分を褒める行為は、使い方次第で、ゲームクリアへの向上心を育む装置になる。

この呪文の台詞は、あえて**「ナカナカ」**としている。100％パーフェクトに実現できた時だけ自分を褒めるのではない。70％だった時は、それに対して「褒める」を実践しつつ、さらに高みの100％を目指す向上心を持てばいい。胸を張って、自分を褒めてあげていただきたい。前述した通り、脳科学では「報酬系」という神経の研究が注目されている。人間である以上、脳の仕組みからは逃れられない。脳はあらゆる人が持つ同じ構造の1つだ。そんな脳が報酬を欲しがり、「褒めてほしい」と思っているのだ。我々はこの特性を活用しない手はない。

最近では、このロジックをうまく活用している企業も増えている。個人やチームの人事評価の中で、ゲームのようなポイント制を取り入れて、ゲーム感覚で達成感を得られる仕組みづくりを、様々な部署が一体となって行っているという。

以上が4つの呪文である。ステージを進める中で、頭や手がうまく動かなくなってきたと感じた場合には、それぞれのシーンに合った4つの呪文をぜひ唱えてみていただきたい。

パート2

ピンチをチャンスに変える「突破Q（クエスチョン）」

一筋縄ではいかない難題を迎え撃つ「突破力」を身につけるため、本パートでは「お試しゲーム」（第1章）の中で省略していたステージ別の攻略ポイントを、1つひとつ解説していく。

ここでも重要になるのは**「疑問文」**だ。「絶対に解けない」と感じてしまう難問でも、適切なQ&Aを繰り返せば、必ず答えにたどり着く。そこで、それぞれのステージで発生しやすい「悩み」を紹介した上で、その悩みを解決するヒントをくれる疑問文**「突破Q（クエスチョン）」**を紹介する。

第1章で紹介した「基本Q」に答えるのが困難になった時、各ステージの「突破Q」が、ステージクリアまで導いてくれるのだ。

STAGE Ⅰ：ゼッタイに譲れない願いを見つけるQ

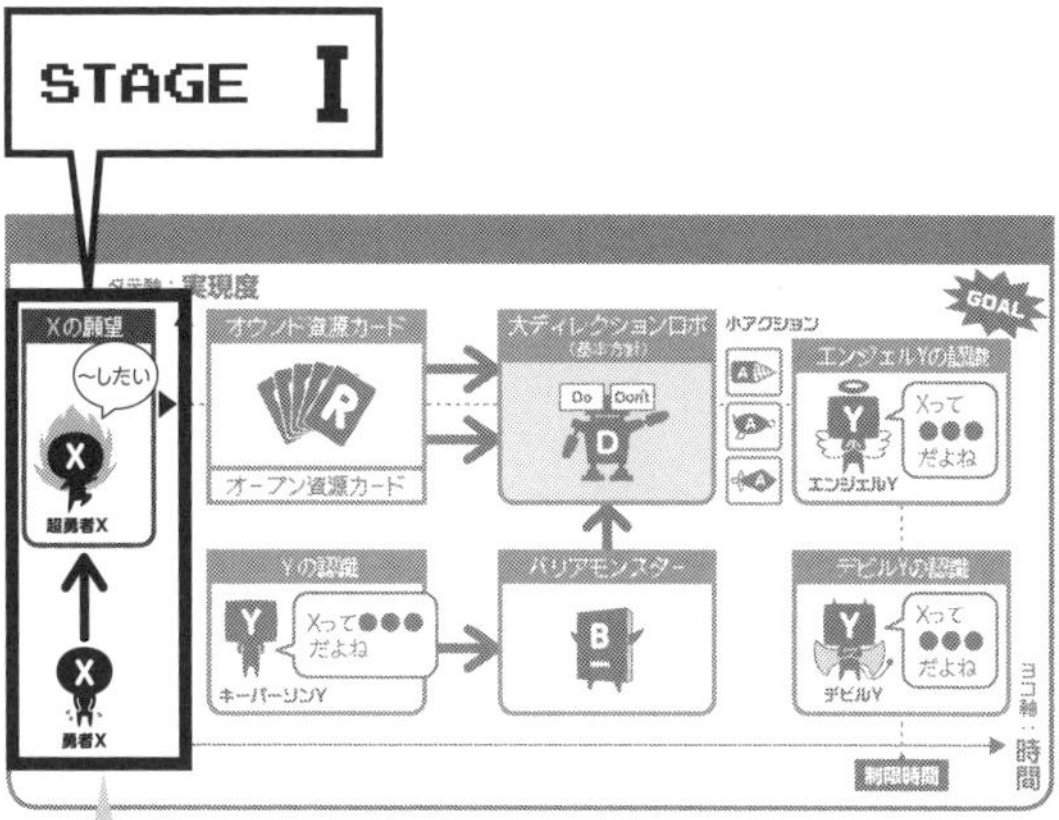

基本Q

1：問題や悩みを抱えた「勇者X」は誰か？
2：勇者Xが何としても成し遂げたい「願望」は何か？
【超勇者X】

突破Q

1：Ⓐ「願望・目的」と「手段」とが、ゴチャ混ぜになっていないか？
Ⓑ解決したい「不満」がないか？
2：実行モチベーションが高まる「タテ軸の目盛り」を、設定できているか？

【悩み①】そもそもの「願望・目的」が何だったか、よく分からなくなってきた……

→〈突破Q〉Ⓐ「願望・目的」と「手段」とが、ゴチャ混ぜになっていないか？
Ⓑ解決したい「不満」がないか？

「手段の願望化」という病

A君という青年がいた。これまで様々なダイエットに失敗した彼は、最近5キロの減量に成功した友達Bさんから、次のように勧められた。

「とにかく炭水化物を抜くだけで、苦労せずに痩せられたの！　本当にオススメ！」

純粋なA君はその言葉を信じ、手にする食品はすべて注意深く成分表示を確認し、来る日も来る日も、炭水化物を避けた食事を続けた。そして3カ月が経過した。結果はどうだったろうか。

何とA君の体重は、2キロ増加してしまったのだった……。なぜだろうか？

実はA君、炭水化物を避けたものの、毎日コンビニの食事ばかりを食べ続けていたのだ。

炭水化物が少ないと判断したおつまみや、アイスクリームなどの甘いデザートなど、カロリーを気にせずに口にしていたのである。

この事例を「ゲームマップ」を使って整理してみる。A君は、Bさんの言葉を受けて「痩せたい」という願望を抱き、ゲームをスタートさせた。しかしいつしか、その願望の行く先は「痩せる」ことではなく、「炭水化物を徹底的に排除する」ことに置き換わってしまっていたのだ。本来「炭水化物を抜く」というのは、ダイエットの1つの手段にすぎない。それさえすれば、何をやってもいいという話では決してなかった。にもかかわらず、Bさんの成功談を聞いて興奮した瞬間、A君の中では**「手段の願望化（目的化）」**のスイッチが押されてしまったのだ。

「炭水化物を徹底的に排除する」という1つの手段が、いつの間にか「願望・目的」に格上げされ、本来の目的であった「ダイエット」はどこかに飛んでしまったのである。

笑ってしまうような話だが、この手の失敗は仕事でも日々の生活でも散見される。特に大きな組織の中で仕事が細分化されている状況では発生しやすい。

いま一度、現在向き合っている問題について、「本当に大事な目的は何だったのか？」「本当にやりたかった願望は何だったのか？」ということを振り返ってみていただきたい。

願望は「不満」の裏返し

ステージIの説明を講義で行う際、受講者から「そもそも自分の目的や願望が何なのかも、よく分からない……」という相談を受けることがある。取り組んでいる仕事や活動に対して「もっとこうしたい」という想いが明確には持てず、「願望を掲げよと言われても困ってしまう」と言うのだ。

そこで助け舟となる視点の1つに、革新的なサービスを生み出し続けるリクルートが重要視している「不の解消」という考え方がある。人々が生活をする中で、または仕事をする中で感じる**「不満」**の中にこそ、ビジネスチャンスが眠っている、というものだ。

かつて「就職活動の不」を解決したのが就職ポータルサイトの「リクナビ」であり、学校や塾の「勉強の不」を解決したのがインターネット予備校の「スタディサプリ」だ。いずれも広く日本中で受け入れられた。リクルートに限らず、様々な優れたサービスやそれを支える戦略には、現状に対する強い「不満」が潜んでいることが多い。

そこでは、「不満」を裏返した「願望」の実現が掲げられているのだ。つまり、「願望は不満の裏返し」なのである。「どうしても願望が思いつかない」ならば視点を変えて、その活動に潜む「不満」を探すことから、始めてみてはいかがだろうか。

【悩み②】願望を書くのは簡単だけど、実際に行うのは難しそうで不安……
↓〈突破Q〉実行モチベーションが高まる「タテ軸の目盛り」を、設定できているか？

数字意識が、やる気を育む

マップの「ヨコ軸の目盛り」は、常に「〇日」「〇時間」といった時間の単位が挿入されている。一方で、次ページの図のように「タテ軸の目盛り」には、勇者Xの願望に応じて、様々な単位の数字が入る。例えば、英語学習に関する問題であれば、「覚える単語数」や「外国人に話しかけてみた数」などが入るだろう。ビジネスで言えば「売上高」や「営業アポイント数」だ。

実は、この**「タテ軸の目盛り＝数字」**を常に意識できる人ほど、モチベーションを維持しやすい。「自分の行動が世の中をどのように変えたのか」を数字で把握できると、自分の努力が報われた感覚、つまり達成感を得られるからだ。そしてそれは「私がやってやる！」という**コミットメント**（主体的に責任を持って関わる姿勢）を高めることにつながる。

例えば、風呂掃除をする場合で考えてみる。「タイル1枚1枚の黒ずみを取る」という「測りやすい数字＝タテ軸の目盛り」が見えている人は、着実にゴールへと駒を進めている感覚を得られる。「最後の1枚だ！」となった時には、ゴールへの高揚感すら感じるだろう。

逆に「タテ軸の目盛り」を見失った時は、コミットメントが低くなる。いくら努力しても、それがどれだけ意味のある行為なのかが見えなくなり、やる気が起きない。そして良い結果は生まれにくくなり、さらにやる気が下がり……という悪循環に陥る。すると、次第に「誰かにやらされている」というような感覚に陥ってしまう。

そんな「やらされている病」への治療薬としても、「ゲームマップ」は役に立つ。数字（目盛り）化された願望を常に意識することを習慣化すれば、コミットメントが高い姿勢を育むことができるのだ。

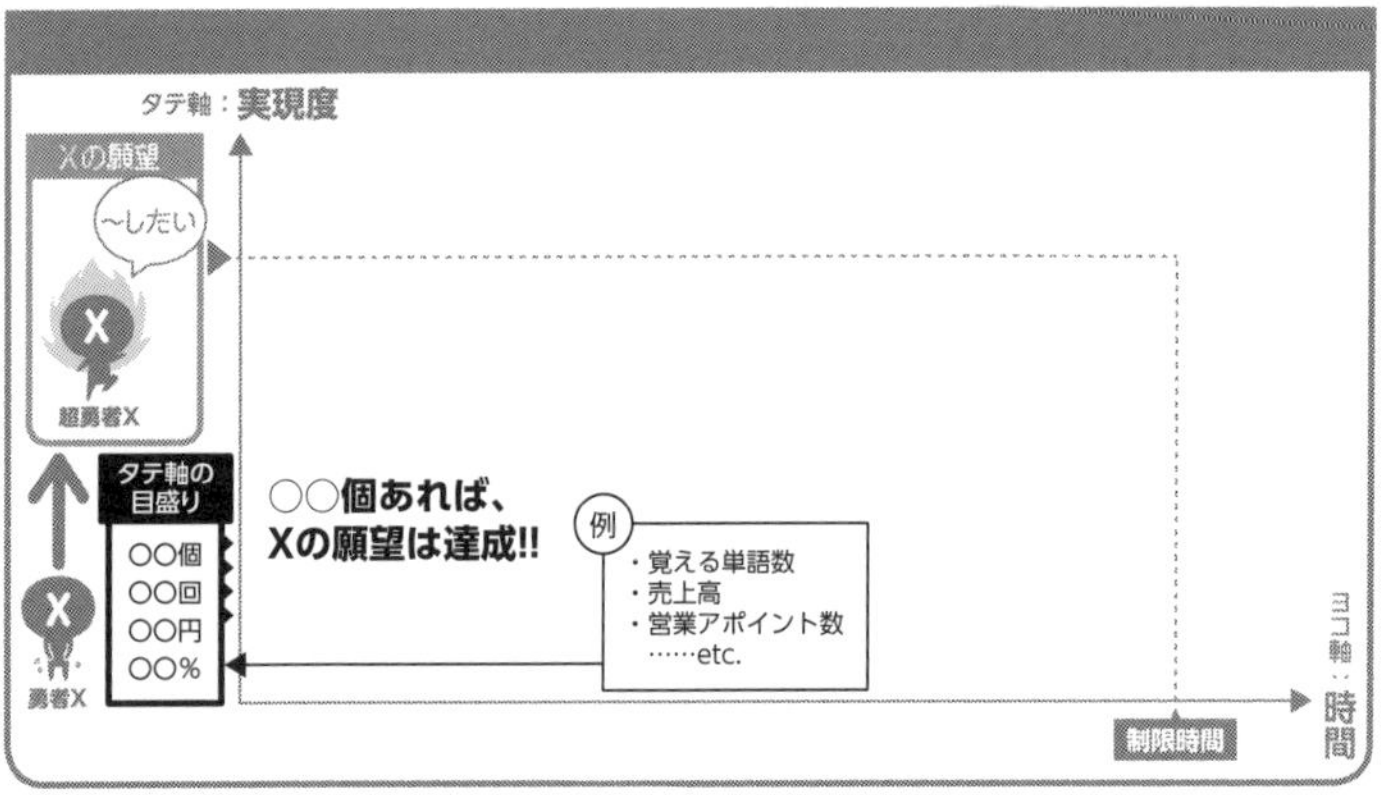

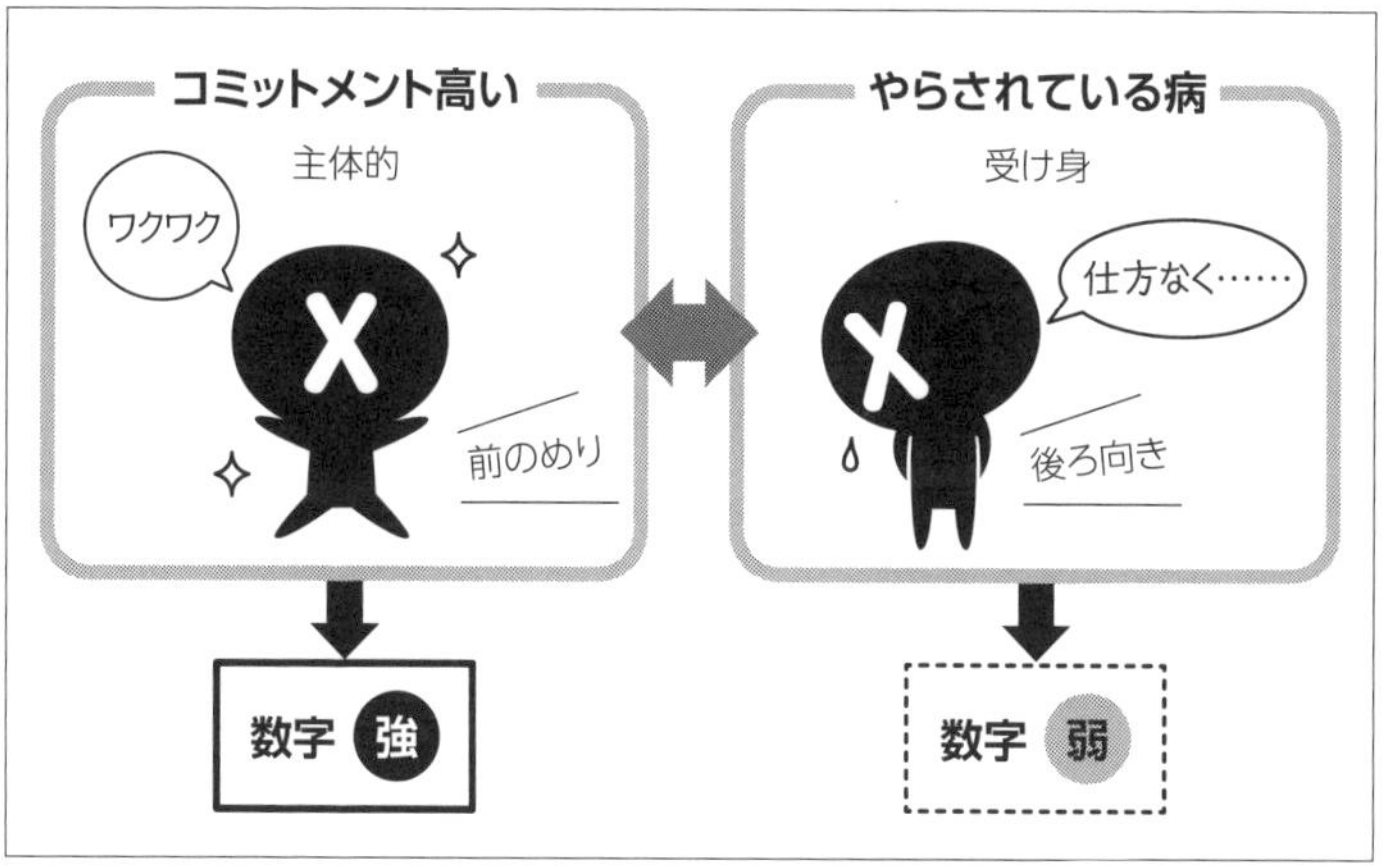
コミットメント高い
主体的
ワクワク
前のめり
数字 強
やらされている病
受け身
仕方なく……
後ろ向き
数字 弱

KEYWORD

ステージⅠの関連キーワード

ここでは、各ステージで紹介したトピックが、ビジネスの現場ではどんな言葉で語られているのかを「関連キーワード」として紹介する。ビジネスパーソンの方々は、普段よく使っているキーワードがあれば、それらとひもづけて、各ステージへの理解を深めていただきたい。

●**目的・パーパス**：「行動の狙い。自分が実現しようとしていることやその状態」を意味する。英語ではPURPOSEだが、マーケティング関連で「パーパス」と使う場合には、さらに一歩踏み込んで、次項の「ミッション」に近い意味合いで使われることもある。

●**ミッション**：「社会における自身の役割」のこと。自分自身の損得勘定を超えて、周囲や会社、社会にとっても有益な「あるべき姿」について言及されることが多い。その活動の存在意義を示し、志ある行動を促す言葉である反面、実務においては「キレイゴト」を並べて終わり（中身が伴わない）の形骸化に陥りがちだ。注意が必要である。

●**ビジョン・夢**：目指している未来像や、それを実現するための志が語られる言葉。

●**願望・欲望**：目的やビジョンと比べ、私利私欲に近い印象の言葉のため、ビジネスの現場ではあまり使われない。しかし実際には、まず主体の願望があってこそ、目的やミッションが生まれるため、すべての活動の源泉は欲望であるとも言える。そのため、ゲームマップでは、まず欲望に正直になり、Xの願望を特定することが重要な仕事となる。

STAGE Ⅱ：相手のキモチまで透視するQ

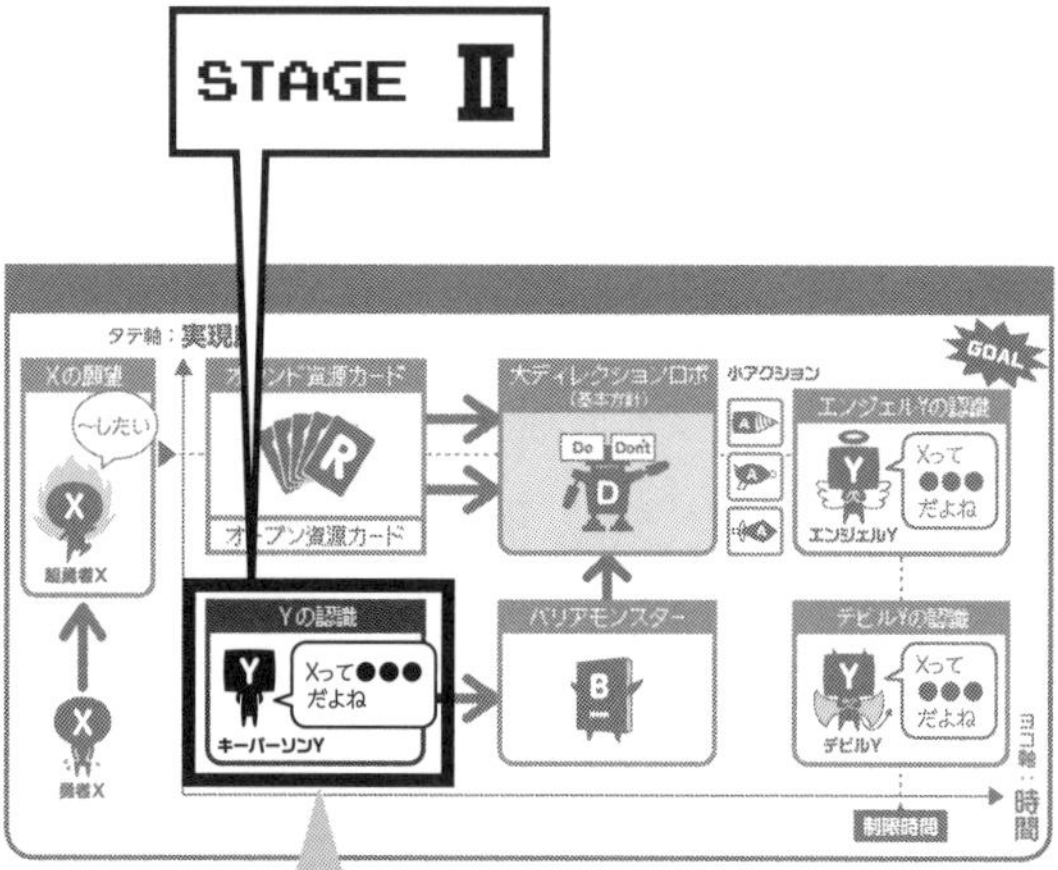

基本Q	1：「誰」の行動が変われば、Xの願望がかなうのか? 【キーパーソンY】 2：Yは、Xの願望に対して、「どんなキモチ（認識）」を抱いているのか?
突破Q	**1：「候補者マトリックス」を使うと、誰が有力候補になるか?** **2：Yの「認識ピラミッド」は、つかめているか?**

【悩み①】登場人物が複数いて、キーパーソンYが誰か分からない……
↓〈突破Q〉「候補者マトリックス」を使うと、誰が有力候補になるか？

「候補者マトリックス」で、絞り込む

「ゲームマップ」を進めていく中で、誰がキーパーソンYとなるのか、はっきりしないこともある。そんな時は、まずはゲームマップの関係者全員を「候補者Y」としてリストアップしていく。そこでは**「候補者マトリックス」**を使うと、作業がはかどるのでオススメしたい。

例えば、お試しゲームで紹介した鬼ごっこの話でこのマトリックスを使って、ツヨスギ君、（以下、例には登場しないが）イケメン君、ミーハー君たち、センセイといった候補者Yが浮かび上がったとする。こうしてリストアップされた候補者1人ひとりに対して、犯人を追い詰めるように、**「あなたの行動が変われば、勇者Xの願いはかないますか？」**という疑問文をぶつけていく。意外な人物が、Xの願望実現のカギを握っているかもしれない。

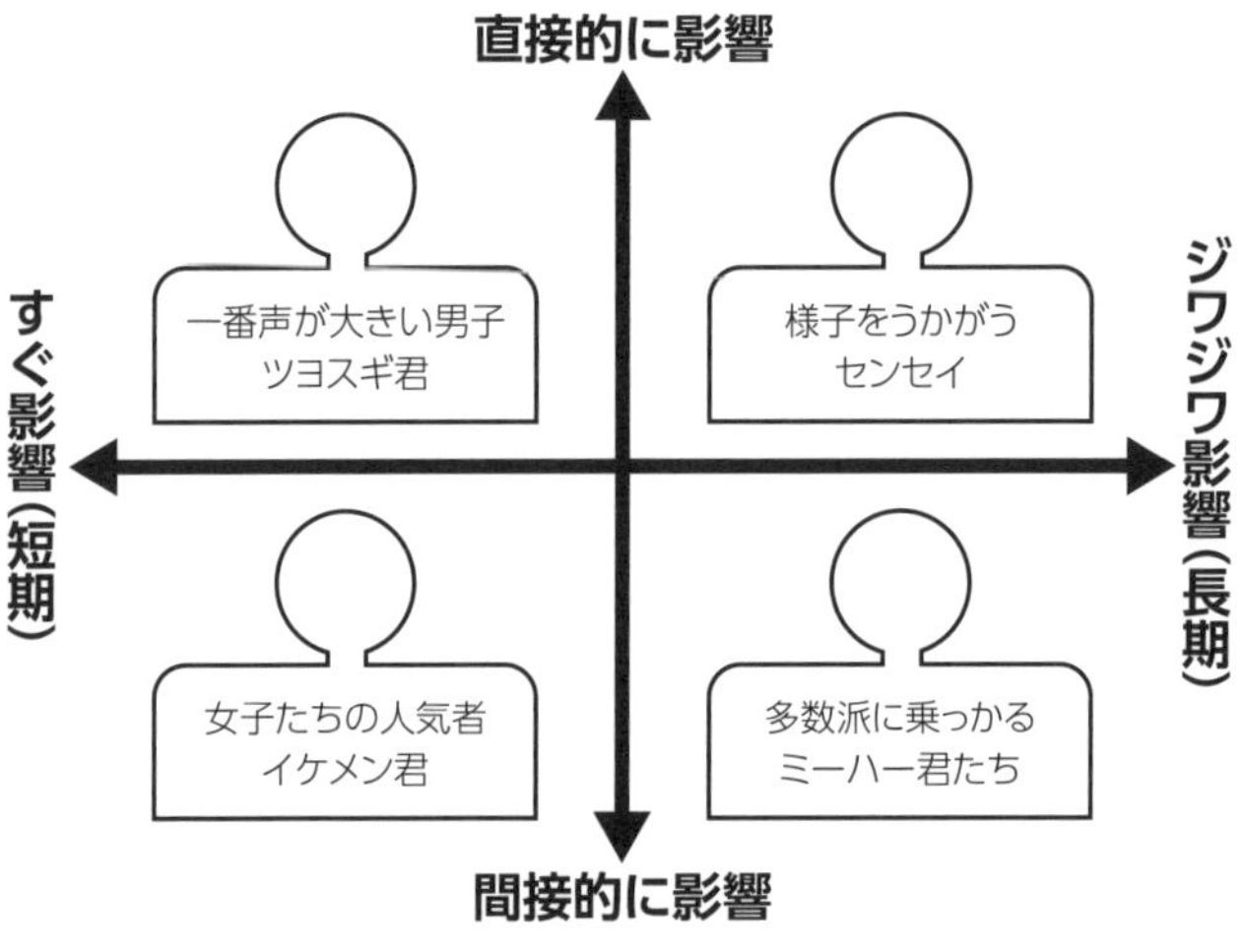
直接的に影響
一番声が大きい男子
ツヨスギ君
様子をうかがう
センセイ
すぐ影響（短期）
ジワジワ影響（長期）
女子たちの人気者
イケメン君
多数派に乗っかる
ミーハー君たち
間接的に影響

候補者マトリックス

グローバルリーダーの戦略的プレゼン術

キーパーソンYを誰にするかで、同じ問題を抱えたゲームであっても、まったく違う展開を見せる。

ここで日本を代表する、ある経営者の「英語プレゼンテーション戦略」を紹介したい。これはまさに、キーパーソンYの設定の重要さを物語る好事例である。

ここでは、経営者の立場になりきって考えていただきたい。

彼は日本を代表するグローバル企業の代表である。交渉の舞台は世界中に広がっていて、大柄な欧米人に囲まれた状況で、話をしなければいけない場面も多々ある。

そんな環境の中で、彼はどんな英語を話すだろうか。例えば、意地っ張りな性格であれば、どうにか欧米人に負けまいと、ネイティブに負けない迫力に満ちたプレゼンテーションをしようと目論むだろう。ネイティブしか使わないような語彙を多用して、東洋人だからとバカにされないように、まくし立てるかもしれない。

しかし、大戦略家である彼は、それとは異なるアプローチをとる。彼の英語は日本人でも非常に聞き取りやすい。単語も極めて易しいものを好んで使うのだ。なぜだろうか。

それは、彼にとってのキーパーソンYが「欧米人」ではないからだ。攻略すべき相手が

「欧米人」であって、彼らにバカにされないことを重視するのであれば、まくし立てるような英語術が機能するかもしれない。しかし、彼はプレゼンにおけるキーパーソンYを「英語を母国語とする欧米人」ではなく、「第二外国語としてビジネス英語を使う世界中の人々」に設定しているのだ。海外かぶれの日本人がその姿を見て、「もう少しインテリジェンスを感じさせる英語を使えばいいのに」と笑ったとしても、彼にとってはお構いなし。なぜなら、そう思う人はこのゲームのキーパーソンYではないからだ。

このように、キーパーソンYを誰に設定するかで、戦略は大きく変わってくる。

「真実はいつも1つ!」とは限らない

ステージⅡでゲームプレイヤーは、名探偵さながらにキーパーソンYを探すことになるが、推理小説とは異なる点が1つある。それは「真実はいつも1つ!」ではないということだ。戦略づくり自体に唯一解がないように、「キーパーソンYは誰なのか?」についても、複数の可能性がある。もしゲームを進める中で議論が行き詰まったら、**キーパーソンYを再設定**するのも1つの解決策になるだろう。

一方で、揺るぎない真実もある。それは**「問題のそばには、必ず誰か人間がいる」**ということだ。どんな問題であれ、そこには人間が深く関わっている。にもかかわらず、問題解決にガムシャラに挑む時、人は「得体の知れない何か巨大なもの」と戦っているような錯覚に陥りがちだ。まったく手のつけられないような大難問に出合ったとしても、一呼吸おいて、「その難問に関係する人は誰なのか?」「キーパーソンYは誰なのか?」と考えることができれば、ゲームは動き始める。

「ジブン」という他人を制する者が、ダイエットも受験も制す

また、「Yは誰か?」を検討する際の盲点がある。それは、Yが他人ではなく、「Yはジブンだった」というケースだ。

残念ながら、人間は自分の思い通りに、自らを動かすことができない生き物である。例えば、受験勉強に挑んでいる最中、「毎日3時間勉強する」と心に決めて机に向かっても、1時間も経つと、ついウトウトしてしまう……。自分のことだからと侮ってはいけない。

この時、一言に「ジブン」と言っても、「2種類のジブン」がゲーム内に共存している。**「勇者X＝サボりたくないジブン」**と**「キーパーソンY＝ついサボってしまうジブン」**だ。

この「ついサボってしまうジブン」というYの認識（キモチ）を深掘りするのは、簡単な作業ではない。「ついつい寝てしまう」「ついつい食べてしまう」といった行動がなぜ起こってしまうのか。その時、Yという「ジブン」は何を考えているのか。こういったこと

を考え抜いて初めて、ダイエットや受験を成功させる戦略づくりが可能になる。

余談ではあるが、この「キーパーソンY＝ついついサボってしまう人間」の悪習に目をつけて、「3日坊主市場の開拓」という一風変わったビジネスを展開したのが、「結果にコミットする」のライザップだ。ジムはもちろん、英語学習、ゴルフ教室など、「3日坊主」が起こり得る分野に次々と進出し、結果にコミットし続けている。

【悩み②】キーパーソンYは特定できたけれど、Yのキモチまでは読めない……
→〈突破Q〉Yの「認識ピラミッド」は、つかめているか?

人のキモチを探るアイテム「認識ピラミッド」

他人である「キーパーソンY」の認識（キモチ）は、把握するのが困難だ。そこで、Yのキモチを深掘りするためのアイテム「認識ピラミッド」を紹介したい。

その前にまず、**「認識」**という概念について説明する。英語では「PERCEPTION」。

語源をたどると「PER（五感を通じて完全に）＋CEPT（つかみ取る）＋ION（こと）」となる。表面的な発言や行動ではなく、その「奥底に眠る何か」を指す概念だ。ある人が放つ**言葉や行動の奥に隠れているキモチ**のことであり、**「深層心理」**と言い換えてもいい。

人がある「行動」を起こす際、その背景には様々な「認識」が潜んでいる。表面的にはポーカーフェイスなキーパーソンYの認識は、一見するだけでは分からないことも多い。しかし確実に、「認識」は「行動」を牛耳っている。

我々はこの「Yの認識」、なかでもこのゲームに深く関連する**「Yが勇者Xの願望をどう思っているのか？」**、つまり「Yの『Xの願望に対するキモチ』」について、詳しく把握しなければならない。そのための助けとなるアイテムが、次ページの図の「認識ピラミッド」だ。Yの認識をいくつかのレイヤー（層）に分けて考えることができる。

- **行動：Yが行う、Xの願望に影響を与える行動**
- **直接認識：Xの願望について、個別具体的に、Yが抱く感情や考え**
- **前提認識：Xのカテゴリー（集団や分類）に対して、Yが抱く感情や考え**
- **大前提認識・そもそも論：Y自身がそもそも持つ価値観や信条による感情や考え**

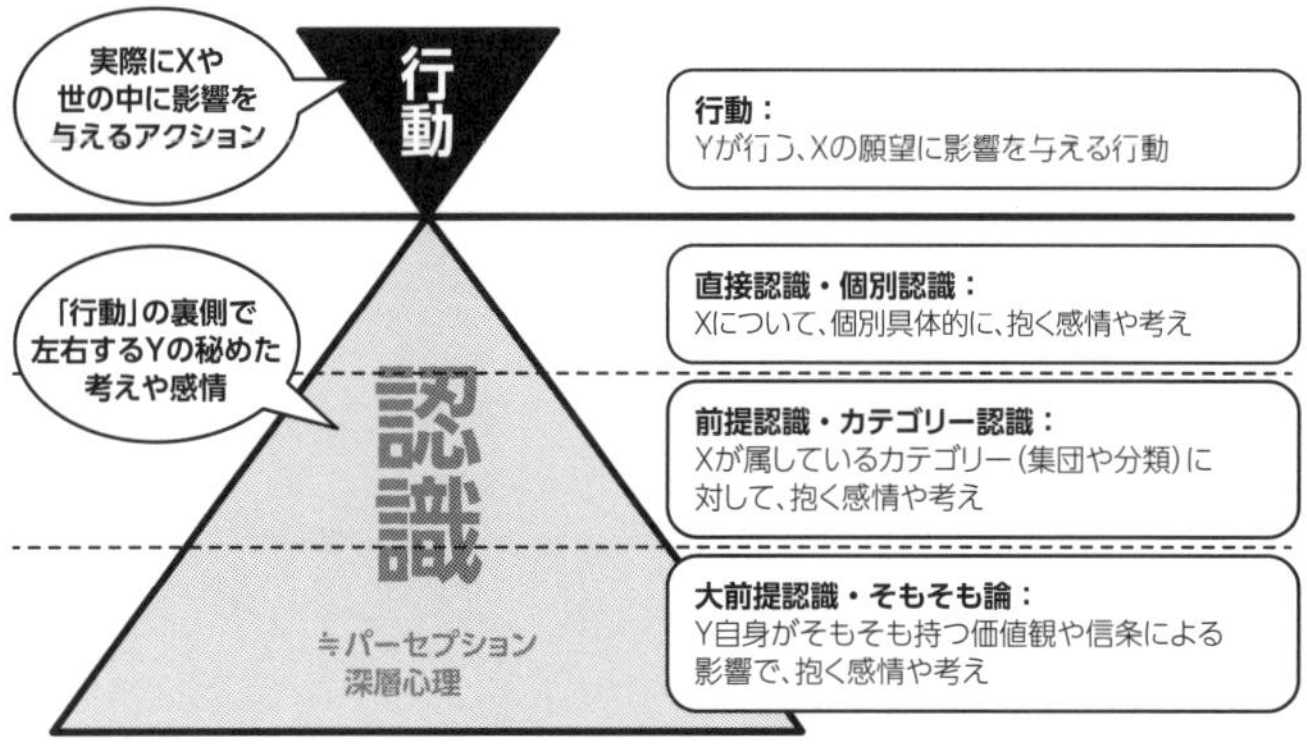
実際にXや
世の中に影響を
与えるアクション
行動
行動：
Yが行う、Xの願望に影響を与える行動
「行動」の裏側で
左右するYの秘めた
考えや感情
認識
≒パーセプション
深層心理
直接認識・個別認識：
Xについて、個別具体的に、抱く感情や考え
前提認識・カテゴリー認識：
Xが属しているカテゴリー（集団や分類）に
対して、抱く感情や考え
大前提認識・そもそも論：
Y自身がそもそも持つ価値観や信条による
影響で、抱く感情や考え

認識ピラミッド

「深さ」や「レア度」は、「重要度」とは違う

ここで1つ注意点がある。認識ピラミッドを駆使しながら、真相に迫ることにガムシャラになるうちに、時間をかけて手に入れた「貴重な情報や深い情報ほど影響力が強い」と考えがちになってしまう。しかし、これは大きな誤りである。

具体的な事例で考えてみよう。

中学2年生のA君がいる。彼は、クラスメイトのBさんに恋をしていた。彼女は大変な人気者で、先輩や同級生から次々に告白されていたが、一度も首を縦に振らなかった。ある日、彼女の親友Cさんから、A君は思わぬ朗報を聞く。

「A君にだけ、こっそり教えてあげるね。Bさんはスポーツマンよりも、メガネ男子が好きなんだって」

A君は興奮した。なぜなら、彼女に告白して敗れた男子の多くはいわゆるスポーツマンで、メガネ少年なんて1人もいなかったからだ。一方、A君は絵に描いたようなメガネ少年。「神よ！ ありがとう！」とA君は舞い上がった。

その翌日、勇気を振り絞ってBさんに告白をしたA君。結果は……見事に撃沈であった。ちなみに、Cさんの助言に間違いはなかった。事実、彼女は「ちゃんと勉強ができる人は尊敬できるし、熱中するあまり目が悪くなっちゃった、みたいなメガネ男子がタイプ」と、

言っていたという。
その半年後、彼女は勉強ができる裸眼のイケメンD君とおつきあいしたのだった。

この例で問題となるのは、「Bさんはメガネをかけた男子が好き」という貴重な情報を、A君が勝手に「最重要の情報」だと勘違いしてしまったことだ。確かに彼女はメガネ好きを公言していたものの、「メガネをかけていれば誰でもよい」と考えていたわけではない。冷静になれば、当たり前の話である。だが、ガムシャラ状態のA君には、そんな当たり前が見えなくなっていたのだ。

A君のように、貴重な情報を入手した時、人はどうしても興奮してしまう。「自分しか知らない情報に出合えた」というのは、戦略家としても興奮を覚えるものだ。しかし、真の戦略家はもう一段大人な態度をとる。それは、興奮状態から一歩

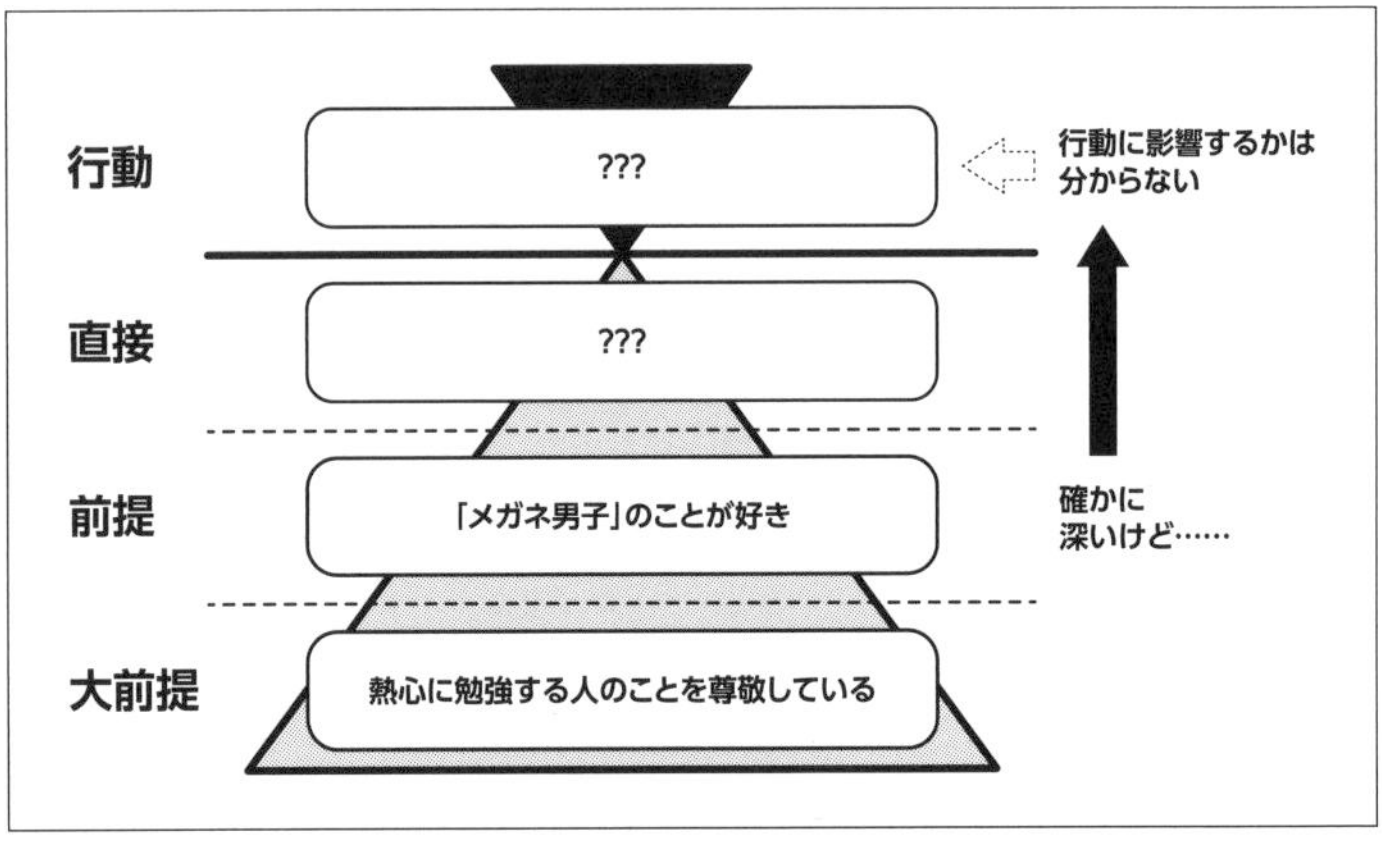

行動
???
行動に影響するかは分からない
直接
???
前提
「メガネ男子」のことが好き
確かに深いけど……
大前提
熱心に勉強する人のことを尊敬している

抜け出して、**「この発見は、Bさんにとって本当に重要か？」**という問いを、自分自身に突きつけることができるのだ。

この教訓を踏まえると、例えばビジネスにおいて「高度な分析ツール」が登場してきた時は、要注意であることが分かる。

デジタルツールの発達で、仕事で扱う情報量は爆発的に増加した。多くの企業が、より複合的な視点で情報分析を行うようになった。その結果、日に日に資料が分厚くなった企業も多いようだ。しかし、その情報の束のすべてが、本当に重要なものかどうかは、１つひとつ検証しなければならない。

KEYWORD

ステージⅡの関連キーワード

●**客体・客観**：「主体・主観」の反対語。「観られるもの・知られるもの」のことを指す。自分自身とは離れて存在しているモノのこと。キーパーソンYは、常に主体（勇者）Xとは別の存在として、ゲームマップに存在する。

●**ターゲット**：「標的」の意味。転じて、ビジネス界では「獲得すべきお客様」という意味で使われることもある。

●**DMU（Decision Making Unit・意思決定関与者）**：「商品を買う」「恋人になる」など、何らかの行動の意思決定に関わっている人たちのこと。DMUという言葉を持ち出す場合、単に商品を購入する本人＝DMU、というシンプルな議論ではなく、もう一歩掘り下げて「実際に商品を購入する人の裏側に、その購入決定に大きく影響を与えている人がいるのではないか？」という考察を行うことが多い。例えば、4人家族を相手にシャンプーを売りたい会社にとっては、実際にドラッグストアで購入を決める「母親がターゲット」かもしれないが、その決定の裏側には「香りにこだわっている思春期の中学2年生の次女」の意見が強く影響しているとする。その場合には「DMUは次女だ」という話になる。

STAGE Ⅲ：劇的なビフォーアフターを導くQ

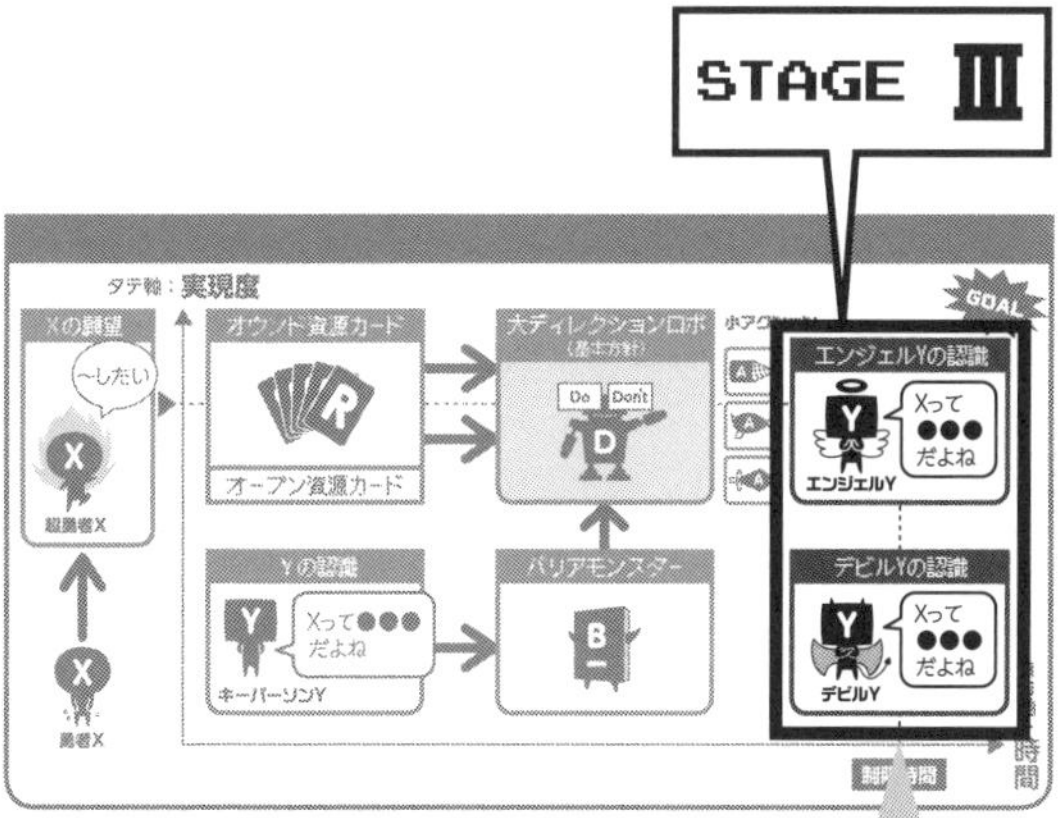

基本Q

1：何もしなかった未来、Yのキモチはどう変わるか？
【デビルY】
2：Xの願望がかなった未来、Yのキモチはどう変わるか？
【エンジェルY】

突破Q

1：誰でもできる未来予測ではなく、生々しいYの本音に寄り添って考えたか？
2：認識ピラミッドのビフォーアフターは、明確か？

【悩み①】エンジェルYが漠然としたものになってしまっている……
↓〈突破Q〉誰でもできる未来予測ではなく、生々しいYの本音に寄り添って考えたか？

ゲームは「ホンネ」で勝負する

よく聞く「本音《ホンネ》と建前《タテマエ》をうまく使い分けなさい」という話。これを全面的には否定できない。円滑にコミュニケーションを進めたい時には、ホンネが邪魔をする場面は少なくないだろう。またホンネを言うことが損をする場面だってある。

しかし、ここで厄介なのは、そうして大人ぶった対応を取り続けているうちに、タテマエにすぎなかったはずの話をさもホンネであるかのように、自分が錯覚してしまうことだ。そして、口癖のように使っていたタテマエに、次第に縛られるようになってしまうのである。

ゲームマップで思考する時、そんな「タテマエ」は、時間の無駄を生む場合が多い。「すべてが無駄」とは言えないまでも、大きな見落としをしたり、大切な論点を粗末に扱ってしまうキッカケをつくってしまうこともある。お世辞にも得策とは言えない。

特にステージⅢで扱うのは「他人のキモチ」である。ありふれた、耳障りのよいタテマエの言葉を並べても、彼らのホンネには近づけない。

例えば、Yという生身の人間の性格や特徴を無視して、Yの肩書だけでステレオタイプな判断をしてしまう行為は、まさに失敗の典型例と言えるだろう。「東大生であるCさん」がYである場合、東大生というだけで「勉強が大好きに違いない」「真面目な人だろう」と決めつけ、「長男であるDさん」というだけで「責任感が強い」「面倒見がいい」と決めつけてしまう。

このステージで行うべきは、そんな表面的な議論であってはならない。Yという1人の人間が抱えているキモチをのぞき込むのである。「東大生なのに、実は暗記が大の苦手。できるだけ楽しみながら勉強する工夫を人一倍やってきた、工夫の達人」こそ、Cさんのパーソナリティーかもしれない。そんな彼だからこそ持ち得るホンネはどんなものなのか？またそれは、どんな未来につながるのか？　それを見極めるのが、ステージⅢで挑む「エンジェルYを見つけ出す」というミッションだ。

【悩み②】エンジェルYを描ききれず、ゲームのゴールがボンヤリしている……
↓〈突破Q〉認識ピラミッドのビフォーアフターは、明確か？

白い器は、なぜ白いのか？

ゲームクリアに必要なのはエンジェルYだけなのに、なぜデビルYを登場させる必要があるのか？　それは「**比較**」のためである。物事を深く考える際、比較をすることは多くの発見を与えてくれる。

「理想的な未来」を想像するのに行き詰まった時、「理想的ではない未来」について想像することは、凝り固まった思考をほぐすための頭のストレッチになる。比較することで違いが明らかになり、その違いは観察の解像度を高めてくれる。

例えば、「白い器」が目の前にあったとする。「どれだけその器が白いのか？」ということは、その器1つだけを眺めていても分からない。白い器のほかに、「グレーの器」が横にあることで初めて、「白い器がいかに白いか」をきちんと把握することができる。

Yのキモチの変化を捉える「3つの認識ピラミッド」

「他人のキモチ」を知るだけでも一苦労なのに、さらにそこから一歩進んで、「他人のキモチの未来像」を探るのは、困難な作業だ。慣れないうちは、ゲームのゴールとなるエンジェルYをうまく想像できないことも多い。そんな時は、ステージⅡでも活用した「認識ピラミッド」が、解決の助けになる。

ポイントは、3つのピラミッドを並べることだ。具体的には、①客体Yがいる現在、②エンジェルYのいる未来、③デビルYのいる未来という、3つの認識ピラミッドを並べる。そして、**現在から未来へのビフォーアフター**を、具体的に記述していくことだ。

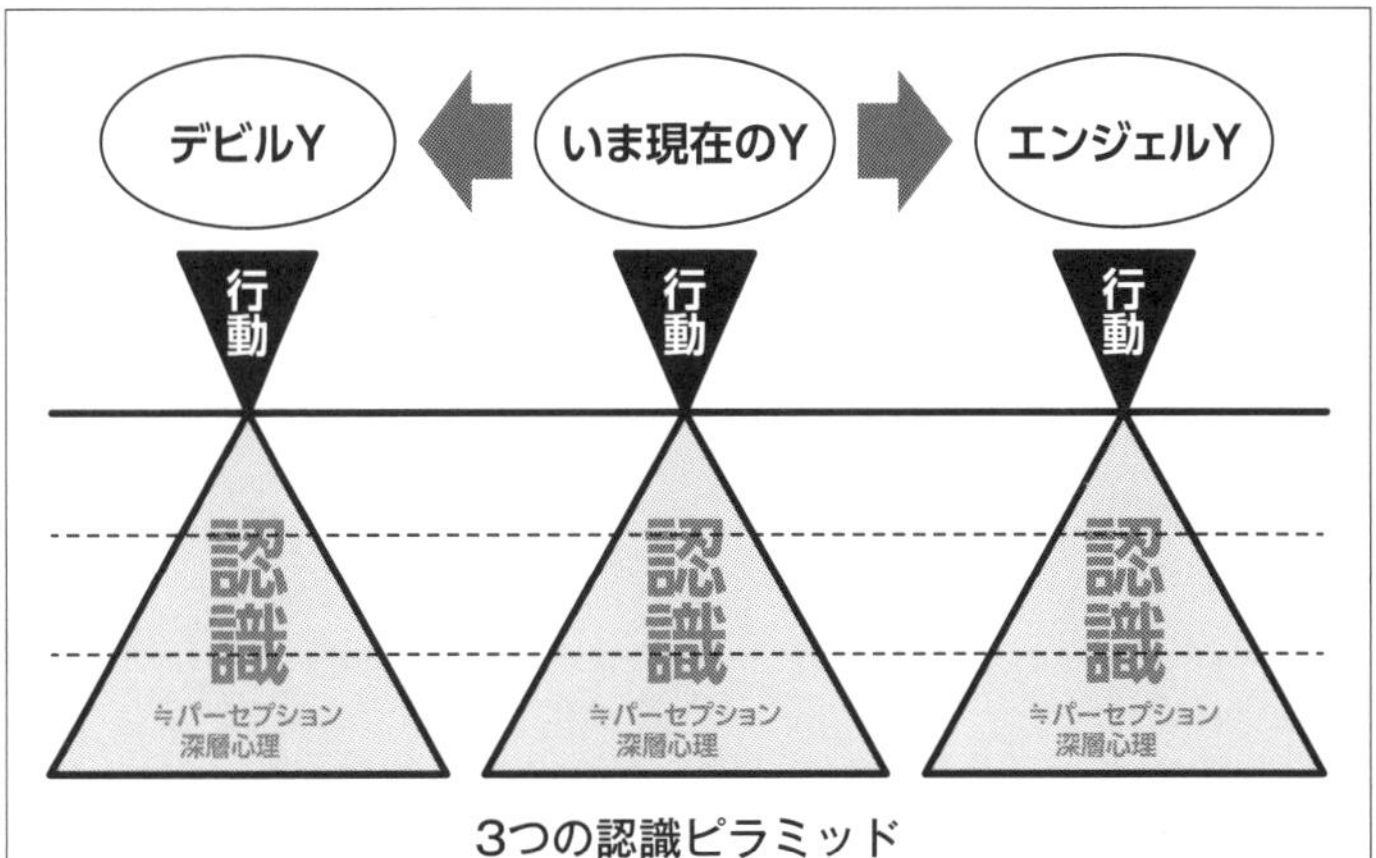

3つの認識ピラミッド

以前、受講者の学生Aさんからこんな戦略づくりを紹介された。その名も「お小遣いアップ大作戦」である。

友達思いで、毎日誰かと過ごすのが大好きなAさんは、九州出身で都内に在住している。奨学金とアルバイト代、あとは親からの仕送りで生活している。彼はアルバイトを週3回しているが、友達と飲みに行く機会も多く、常に金欠状態であった。そこで、どうにかして固定収入を増やせないかと頭を悩ませた。

そして、「親からのお小遣い（仕送り）を増やしてもらう」ことを目標に、「キーパーソンY＝親」と定めて戦略づくりを考えることにした。この戦略をつくるために考えた、認識のビフォーアフターが次ページの図である。

ここには、「子を立派に育て上げるのが親の義務」「いろいろあっても、子どもはかわいい」という共通の前提の上に、真逆のキモチが記述されている。デビルYでは「かわいいからこそ、厳しく」となっているが、一方エンジェルYでは「(あと少しの学生生活だからこそ）甘やかしてもいいかも」というキモチが記述されている。

Aさんの立場で考えると、「お金が足りないこの悲惨な状況を、何とか親に伝えて、『かわいそうね』と感じてもらおう」と考え、ガムシャラにアピールするかもしれない。

しかし、いざY＝親の側に立って「認識のビフォーアフター」を考えてみると、その行為が逆効果だと分かる。子どもから「助けて」という声がかかるほど、親は「かわいい我が子だからこそ、甘やかしてはいけない」というキモチが強くなってしまうのだ。

これに気づかぬまま「お金が厳しい状況なんだ。今月も足りなくて……」と言い続けても、その訴えは実らないだろう。例えば、「ずっと続いた学生生活も、もうあと1年＝もうすぐ親元を離れる」という事実をYに再認識させるキッカケをつくるほうが、打開策になるかもしれない。

このように、どんなエンジェルYを描くかによって、様相は大きく変わる。誰でも描けるエンジェルYではなく、キーパーソンYのキモチの中にある「本当の本音」をしっかり捉えて、それを言葉にする姿勢が、戦略づくりのレベルを1段も2段も押し上げてくれる。

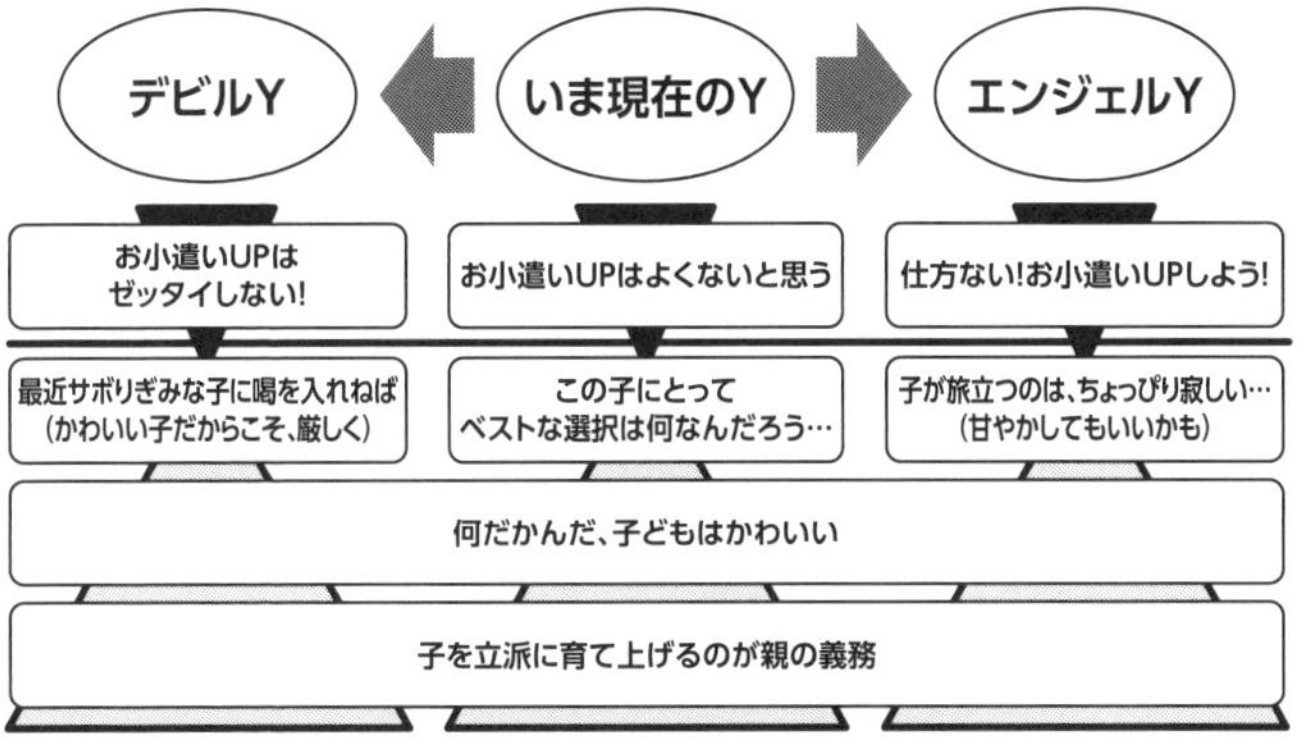

親Yのキモチを探るための認識ピラミッド

KEYWORD

ステージⅢの関連キーワード

●**ワーストシナリオ**：想定し得る中で、もっとも悪い場合を考えておこう、という文脈で使われる言葉。BAD（悪い）筋書きではなく、最上級表現を使った「WORSTな（最悪の）筋書き」である点がポイント。デビルYはここに宿る。

●**ベストシナリオ**：ワーストシナリオの逆。ベストシナリオは必ず、当初設定したXの願望を実現できるものになっていないといけない。ベストシナリオですら、勇者Xの願望を満たし得ない場合には、そもそもの願望から、考え直す必要がある。

STAGE Ⅳ：倒すべきモンスターを狙い撃つQ

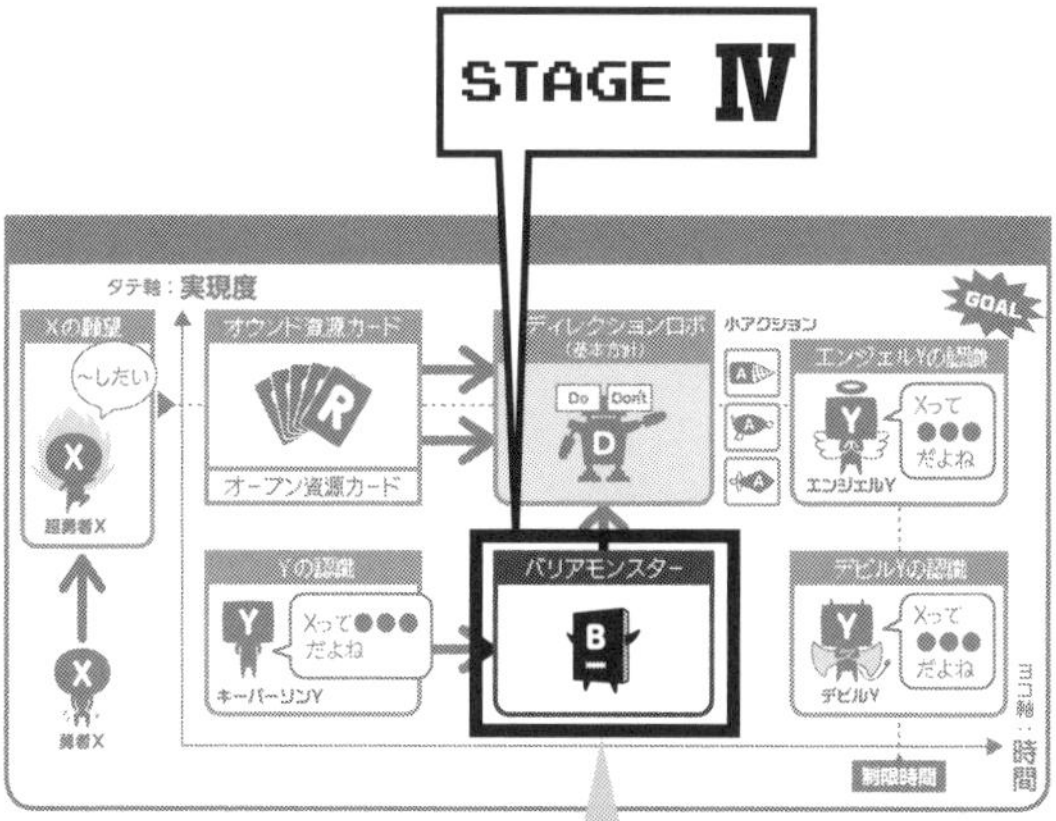

基本Q	1：エンジェルYの実現を「邪魔する原因」は何か？ 【バリアモンスター】
突破Q	**1：モンスター図鑑の中に、今回のバリアがないか？** **2：他に乗り越えられるバリアはないか？ もしくは、バリアを分解できないか？**

【悩み①】誰でも思いつく、ありきたりなバリアしか見つからない……
↓〈突破Q〉モンスター図鑑の中に、今回のバリアがないか？

なぜ村上隆の作品は16億円で取引されたのか？

２００８年、日本人アーティスト・村上隆氏の作品が、競売会社サザビーズで約16億円もの高額で落札されたことがニュースになった。その後、彼はフランスのベルサイユ宮殿で個展まで開いたが、彼は現代アーティストであると同時に、素晴らしき戦略家でもある。世界を驚かせた桁違いの落札額は、脈々と続く欧米アートカルチャーの中に眠る「バリアモンスターの発見」によってもたらされた。彼の作品を初めて見た人の中には、「これが芸術？サブカルじゃないの？」と思う人もいただろう。実は、その感覚にこそ、バリアが潜んでいる。

元来、アートカルチャーには「ハイアート（ハイブロー）」と「ローアート（ローブロー）」という区分があり、その間には、深い断絶が存在していた。「ハイアートはアートだが、ローアートはアートじゃない」という差別にも近いものである。簡単に言えば、ハイアートとは美術館に収蔵されるような作品のこと。欧米の富裕層は大金を払って、そのハイアートを豪華な邸宅に並べて自慢し合っているという。一方、ローアートには「サブカル」と評される漫画やアニメ、フィギュアといったものが雑多に入り込んでいる。

近年、ローアートは急増して、世界中で注目されるようになった。この状況は、ハイアートしか本流と認めない美術館や富裕層にとって悩ましい状況だったという。

そんな背景の上で、この「ハイアートとローアートの断絶」というアートカルチャーが抱えたバリアモンスターに着目したのが村上氏だった。彼の言葉を借りれば、「ローアートをハイアートでわざと扱う楽しみを提示した」のである。「ローアートと認めざるカルチャーをハイ

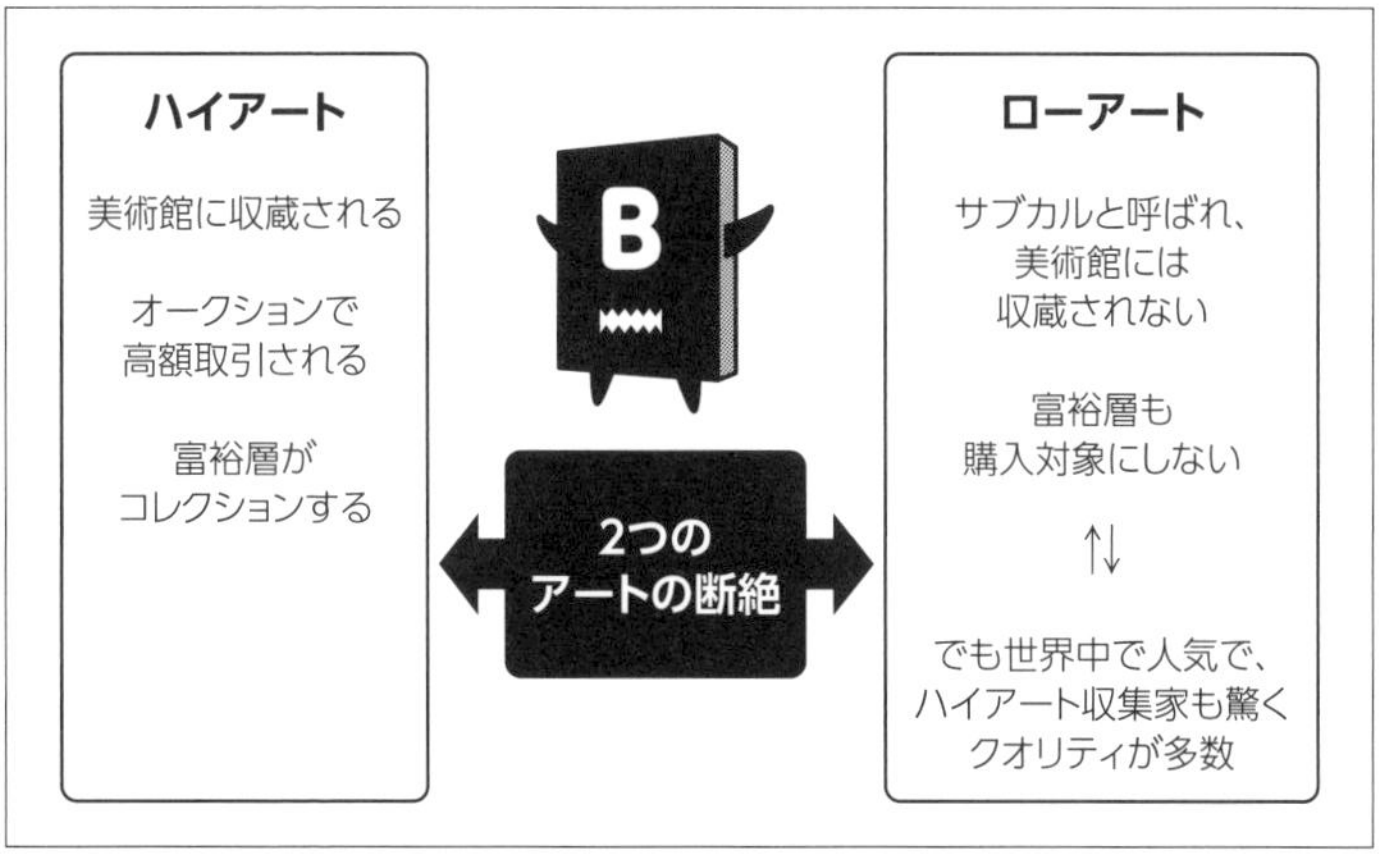
ハイアート
美術館に収蔵される
オークションで
高額取引される
富裕層が
コレクションする
B
2つの
アートの断絶
ローアート
サブカルと呼ばれ、
美術館には
収蔵されない
富裕層も
購入対象にしない
⇅
でも世界中で人気で、
ハイアート収集家も驚く
クオリティが多数

アート用に翻訳した」とも言えるだろう。こうして、彼の作品は新しいハイアートとして、世界中の美術館や権威ある場で次々と展示されていったのだ。

ライバルというバリア

ゲームには常に「ライバル」がつきものである。そして当然ながら、日々ライバルたちも様々な戦略づくりを検討している。そして**戦略はナマモノ**であるため、戦況は常に変化し、そのたびに自分だけではなくライバルたちも戦略を改めてくる。彼らがつくる戦略が、自分の戦略を邪魔する存在になる可能性があることも忘れてはならない。

自らが主人公となる「自分のゲームマップ」の進め方を考えているばかりだと、ライバルたちの存在は忘れがちになってしまう。彼らの存在を忘れた状態で、自分にとって有利な展開ばかりを妄想してしまうのだ。もしかしたら、私たちの行く手を阻むものは、自分自身が抱える弱点ではなく、意外なライバルの存在や行動かもしれない。

そこで、ライバルの視点に立って戦略づくりを考えてみると、自分の戦略に思わぬ落とし穴が見つかることがある。もしゲームの進め方に行き詰まったら、**「勇者X＝ライバル」**になりきって考えをめぐらせて、彼らが描くであろう「ゲームマップ」をシミュレーションしてみることで、思わぬ出口が見えてくることがある。

お手上げ状態を救う、バリアモンスター図鑑

世界中で大ヒットしたゲーム「ポケットモンスター」。ポケモンの魅力の1つは、ゲームの中に登場する多種多様なモンスターたちだ。ゲームマップにおける「バリアモンスター」も、ポケモン図鑑に負けず劣らずの豊富なバリエーションがある。

様々なバリアモンスターたちをざっくりと2つの軸で、4つに分類したのが**「バリアモンスター図鑑」**だ。

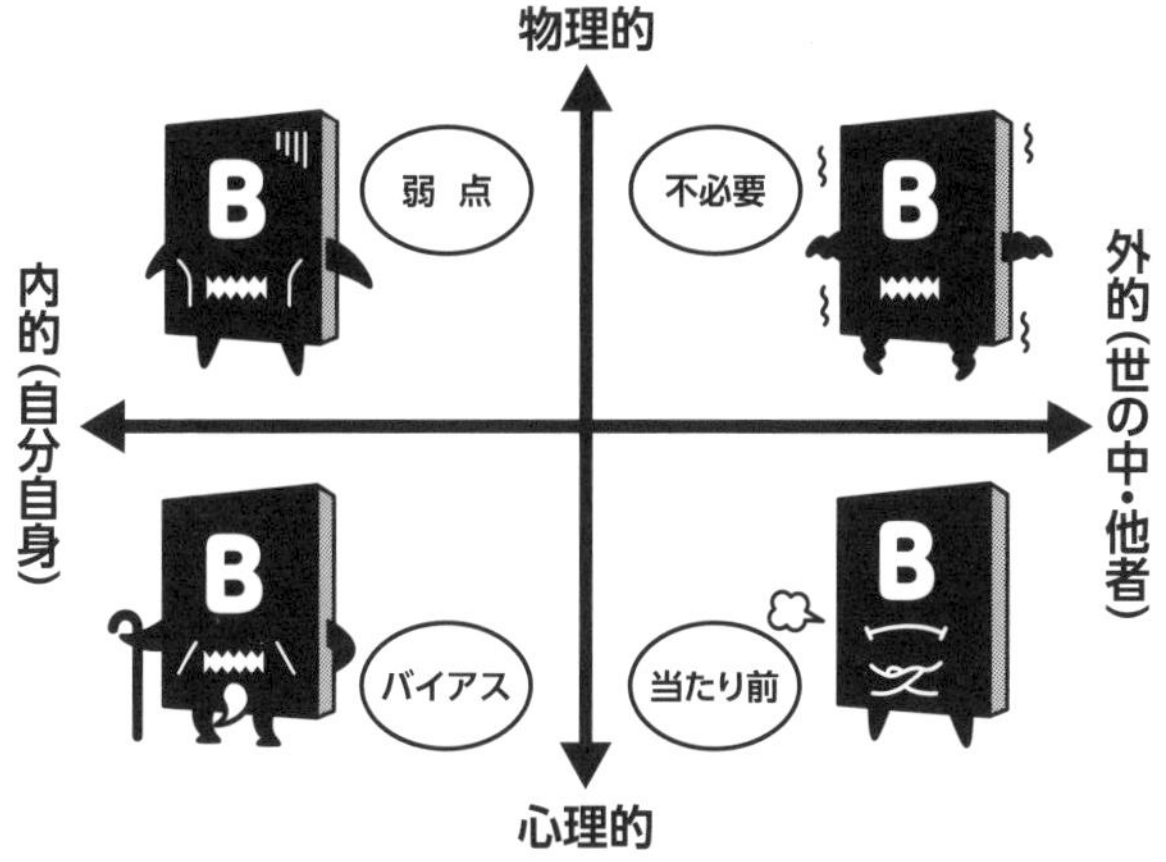

バリアモンスター図鑑

●（物理的・外的）不必要バリア

X自身は変化していないものの、魅力的なライバルの出現や、代替手段（別のやり方やアイテム）の出現で、Xの存在価値が下がり、Yに「不必要」と思われてしまう状況が発生することがある。

例えば、息子のお小遣いをアップするか迷っている親が、新たに子犬を飼い始めたとする。この場合、甘やかす対象は息子から新しい家族（愛犬）にシフトして、息子をかわいがる必要性は下がってしまうかもしれない。

自動車の登場によって馬が不要になった。また、携帯電話の普及で固定電話の必要性が減った。このようにテクノロジーの発達によって、それまで不可欠だったものが一夜にして不必要な存在に変貌してしまうこともある。

●（物理的・内的）弱点バリア

所持金の不足、身体能力的なハンディキャップなど、いわゆる「弱点」とみなされる要素。しかし、一見弱点に見えることが、実は強力な武器になることがある。そこで「その弱点はバリアか？」「逆に強みに転換できないか？」と、慎重に見定めることが必要となる。

●（心理的・外的）当たり前バリア

社会や集団の中で受け入れられている「常識」や「ルール」。これらがきちんと機能しているからこそ、我々は安心して「当たり前」の日々を過ごすことができる。

しかし、新しい道を切り開くゲームに挑む場合、このありがたい「常識」や「ルール」が、逆に道を阻む「当たり前バリア」に変貌する。ビジネスでは特に、業界や会社の「古い慣習」や「前例」「決まりごと」といったものが行く手を阻むことが多い。ちなみに、前述した村上隆氏がアートカルチャーに見出したものも、芸術界の「当たり前バリア」の一例である。

●（心理的・内的）バイアスバリア

自分が過去につくった「死んだ戦略」や、自分自身が以前から持ち合わせている偏見意識（バイアス）が、新しい戦略づくりの邪魔をしている状態。「成功体験」や「信念」といった過去の経験がベースとなってつくり出される見えない壁は、「バイアスバリア」と呼ばれる。以前は強力な味方だった場合もあり、一見してそれが邪魔者であると気づきにくいのが難点である。

もちろん、この分類に当てはまらないタイプのバリアモンスターも、問題を解決する現場には存在する。4つの分類はあくまでたたき台である。「今回は強い『当たり前バリア』に出くわしそうだな」というふうに、考えを始める際のきっかけとして活用していただきたい。

戦略づくりは常にオーダーメイドである。杓子定規に決めつけるのではなく、問題ごとに、ぴったりのバリアモンスターを見極めなければならない。

【悩み②】設定したバリアが強すぎて、クリアできそうにない……
→〈突破Q〉他に乗り越えられるバリアはないか？　もしくは、バリアを分解できないか？

強すぎるモンスターは、ためらわずにチェンジする

「バリアモンスターは特定できた。しかし、あまりにも強力すぎてビクともしない。このままでは、モンスターを倒せない……」。こんな状況に陥ることがある。この場合に大切なのは、**「粘り過ぎないこと」**だ。場合によっては、「キレイさっぱり諦めて、そのモンス

ター を無視する」という選択肢があることも記憶にとどめておいていただきたい。

バリアモンスターを倒すことに熱中するあまり、本来のゲームの目的を見失ってはならない。ステージⅣで大事なのは、**エンジェルYへとつながる道**を確保すること。そのためによじ登る壁（バリア）は1つとは限らない。乗り越えるのが困難なバリアモンスターだと気づいてしまった時は、別のバリアモンスターにチェンジすることだって不可能ではないし、むしろ検討すべきことである。

ただし、やみくもにチェンジだけを繰り返しても、当然ながら問題の解決には至らない。攻略できるモンスターかどうかの判断は難しいため、各ステージを行き来して、試行錯誤しながら議論を深めよう。

漫才ツッコミで、バリアは分解できる

また、倒すのが困難なバリアモンスターと出合ってしまった時に、もう1つの選択肢がある。それは、「巨大なバリアモンスターを、**小さいバリアモンスターに分解する**」というテクニックだ。

その際に参考になるのが、漫才でよく使われる「なんでやねん！」という「**ツッコミ**」である。このツッコミを加えていくことで、バリアモンスターを分解することができる。

これは、ビジネスの現場では、よく「ＷＨＹ（なぜ）を繰り返せ」と表現されるやり方と似ている。しかし、ここであえて漫才に例えているのには理由がある。それは、ビジネスの世界でよく使われる手法の場合、つい賢い物言いになりがちで、本音をさらけ出すのが難しくなってしまうからだ。

漫才のようにテンポよく自分をさらけ出した方が、本当の原因にたどり着きやすい。普段、仕事で「ＷＨＹの繰り返しなんて、やり飽きている」という人も、一度だまされたと思って、「１人漫才方式」を繰り広げてみていただきたい。

単なる課題の羅列はＮＧ

バリアモンスターを探す過程で、どんどんネガティブな発想に陥ってしまう人がいる。問題点ばかりに目を向けてしまい、終わりのないダメ出し大会に陥ってしまうのだ。このような症状に陥ってしまった人は、いま一度ゲームの振り出しに戻って、「自分は一体何がしたかったのか」を思い出す必要がある。

「ゲームマップ」で実現したいことは、あくまで**「問題を乗り越えること（問題の解決）」**であることを忘れてはならない。決して「問題点を洗い出して並べること」ではない。それらをいくら並べて眺めていても、事態は一歩も解決へと動き出さない。

また、ちょっとでも気になる問題点を次から次に「バリアモンスター（問題の真因）」として書き出すのは危険だ。そうして出来上がる「ゴッタ煮」とも言える状態は、「ゲームマップ」ではもっとも避けるべきものの1つである。

バリアモンスターの選定に当たっては、強い意志をもって、エンジェルYへの道を妨げているバリア（原因）を、**1つか、多くとも2つ程度に厳選**してピックアップすべきだ。そうすることで、「問題の洗い出し」ではなく、「問題の解決」という本来の目的へ、時間と労力と情熱を集中できるようになる。

KEYWORD

ステージⅣの関連キーワード

●**真因**：一見して分かる原因をさらに掘り進めることで見えてくる、本当の原因のこと。バリアモンスターとは、真因の塊が化けた魔物である。

●**問題点**：ビジネスでも日常会話でも多用される言葉。「課題」との対比で「問題＝明確な課題設定がなされていない状態」という意味で使われることも多い。その定義にのっとると、「問題は悩む状態を生むだけ」であるが、「課題は考える状態を導く」

ということになる。

●**課題**：様々な問題がある中で、明確に定義された障壁や、そのために取り組むべき具体的な論点のこと。

●**イシュー**：課題の中でも、解決するともっともインパクトが大きい重要なもの、という意味で使われる。

●**挑戦／チャレンジ**：課題と同義で、ある取り組むべき事象についての記述。

●**弱点**：弱点とバリアモンスターを混同してしまう場合がある。もちろん、Xの弱点がバリアモンスターとなる場合もあるが、それがバリアモンスターのすべてではないため、注意が必要である。

STAGE V：「何もない状態」から抜け出すQ

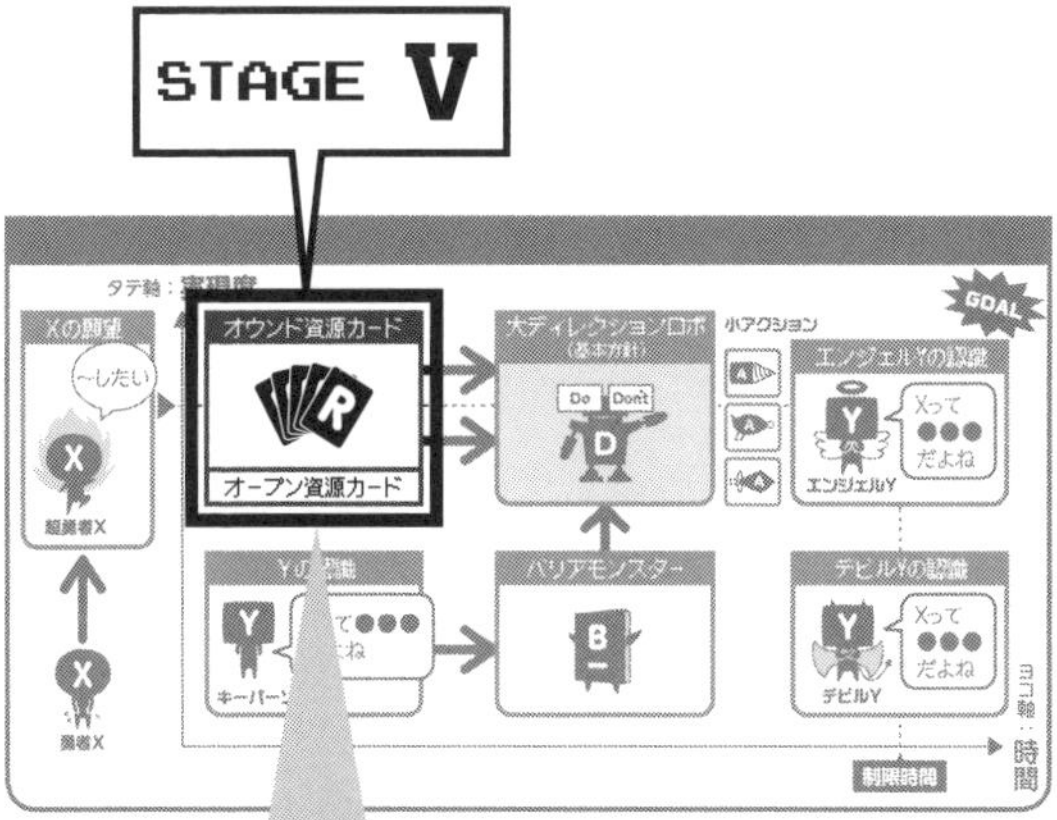

基本Q	1：Xの周辺にある「ヒト・モノ・カネ・情報」は具体的に何か？ 洗い出せ【オウンド資源カード】 2：ニュースなどに、今回の問題解決に使えそうな情報がないか？ 洗い出せ【オープン資源カード】
突破Q	**1：手持ちの資源は、ライバルと比べても、当たり前で価値のない資源か？** **2：異分野の話題など、遠く離れた場の資源は探ったか？**

【悩み①】自分だけが持っている「オウンド資源カード」がなかなか見つからない……
→〈突破Q〉手持ちの資源は、ライバルと比べても、当たり前で価値のない資源か？

決戦に備えるために

ゲームやマンガでは、主人公が巨大な敵との決戦に備えて挑む「修行の場」がしばしば登場する。まさにそれが本ステージだ。

どんなゲームでも、丸腰でラスボスを倒せてしまう無敵のキャラは登場しない。RPGに登場する勇者には、ボスを倒すためのアイテムが欠かせない。そこで本ステージでは「資源カード」というアイテムをあの手この手でゲットすることを目指す。このアイテムには「オウンド資源カード」と「オープン資源カード」の2種類がある。

オウンド資源カード――「ヒト・モノ・カネ・情報」を洗い出せ

オウンド（OWNED）は「所有される」という意味。自分が所有しているオウンド資源カードは、**「ヒト・モノ・カネ・情報」**という4つの切り口で整理できる。

ただ、「自分は何を持っているのか？」ということは、自分のことばかりを眺めていても見えてこないことが多い。そこで、ライバルやゲームに登場する人のことを思い浮かべながら、自分自身と比較してみよう。自分のことだけ考えている時には見えなかった、「自分だけが持つ資源の魅力」が見えてくるはずだ。

ただし、自分だけが持っている資源だからといって、ゲームクリアに役立つものになるかどうかは分からないので、最終的にどの資源カードを使うかには注意が必要だ。

しかしまずは細かい話は抜きにして、思いつく限りを洗い出していこう。

ヒト
○知人・友人・家族…
○連絡先を知っている専門家
○…etc.

モノ
○所有物
○会社や組織で使える道具
○…etc.

カネ
○収入
○所持金・資産
○…etc.

情報
○立場上得られる専門資料
○関係者から聞いた話
○…etc.

超一流のオウンド資源ハンター・ドバイ

アラブ首長国連邦にある、ドバイ首長国。いまや世界中の富裕層が押し寄せる世界一ゴージャスな国として知られているが、もともとはアラブの一国でありながら石油が採れない、「持たざる国」だった。

ドバイが変貌を遂げた背景には、政府が実践した大胆な「オウンド資源の発掘」があった。1950年代から60年代に小さな油田を見つけたところから、同国の発展は加速する。念願の石油の発掘に、当時の関係者たちはみな歓喜したことだろう。しかし、優秀なドバイのリーダーはそれに浮かれることなく、冷静な判断を下した。発見した油田の石油埋蔵量は近隣のアラブ諸国と比べて少なく、すぐに枯渇することは明らかだったのだ。

当時の首長ラーシドは「限りある資源に未来はない」と宣言し、「石油発掘で得た資金」という資源カードを、石油開発ではなく「石油に頼らない生存戦略」を立ち上げるために使うことにした。

彼が着目したのは「世界地図の中心に位置する」というドバイの立地だった。ヨーロッパ諸国やアメリカと比較して、「世界中のどの国からもアクセスが容易な、西洋東洋のど真ん中」という資源カードを見出し、国を「世界のハブになる貿易港と大型空港を建設し、世界の物流の中心地」へと変えた。また「外国人は我々の重要な客人」（つまり貴重な資源カード）と捉えたのである。キリスト教の教会を建て、宗教による差別を徹底排除するなど、世界中の人々にとって居心地の良い環境の整備に努めたのだ。

その後もリゾート地の開発などを通じて、ドバイは急速に発展していった。今現在も積極的な挑戦が続いており、例えば火星移住の研究機関を立ち上げるなど、常に「次の次の一手」を見据えたアクションを取り続けているのだ。

このように、ドバイが発展したのは、自国にしか持ち得ないオウンド資源の存在を何より大事にした結果だ。少量の石油の発見にとらわれることなく、他国と比べて**「自分たちだけが手にできる資源カードは何か」**にこだわり続けたのである。

【悩み②】オープン資源の掘り方が分からない……

↓〈突破Q〉異分野の話題など、遠く離れた場の資源は探ったか？

オープン資源カード――タダ同然の情報が、強力な「資源」になる

街の書店には、様々なアイデア発想法に関する書籍が並んでいる。筆者も社会人になったばかりの頃、この手の本にはよくお世話になった。そこでは頻繁に、「アイデア発想には、日常生活のささいな気づきが大事だ」と語られていた。柔軟な発想のためには、問題の周辺ばかりを見ていてはいけない、業界の外へ目を向けよ、と諭されてきたように思う。

ところが、実際にそれを実践することは、とても困難だった。天才やアイデアマンである著者たちが説く大事さは伝わるものの、実際に行動に移すことが難しく、正直なところ筆者にはあまりピンと来ていなかった。

しかし、ある気づきをきっかけとして、迷うことはなくなった。この手の話がすべて、「オープン資源」のことだと分かったのだ。オープン資源を発掘するプロフェッショナルたちは、特定の人しか手に入れることができないオウンド資源だけではなく、「日常のささいな気づき」という、**タダ同然で誰もが入手できるオープン資源**までもフル活用して、バリアモンスターを乗り越えていくことができるのである。

江戸の奇才は、掘り当て名人

「お試しゲーム」で紹介した「土用の丑の日にうなぎを食べる」という習慣の生みの親、平賀源内は、様々なアイデアを生み出した人物として知られている。この逸話が真実だったかどうかは諸説あるが、戦略づくりに挑むプレイヤーにとって重要なのは、彼の頭の使い方やオープン資源の発掘の方法だ。

彼にはこんな思考があったのではないかと筆者は想像する。「旬ではないうなぎを売り込む」という難題は、正攻法で考えては勝機はないことが明らかだと考えた平賀は、一度うなぎの話を離れて、「そもそも夏という季節には、どんな資源があるだろうか」と考え、夏という季節に関する資源カードを掘り尽くした。そこでたどり着いたのが、「土用の丑の日」という夏の行事だった。

当時、土用の丑の日には「『う』がつく食べ物を食べると、夏バテしなくなる」というジンクス（俗信）があったそうだ。江戸時代の「土用の丑の日」には、うどんも食されていたという。

このジンクスを思い出した瞬間、平賀はハッと気がついた。うなぎが持つオウンド資源「うなぎの『う』」が、途端に輝きだしたのだ。

うなぎ屋さんからの相談は「夏にうなぎを売りたい」だ。相談の時点では、「土用の丑の日」という話は、一切出てきていない。そんな状況の中、平賀が想像を膨らませたことで、「土用の丑の日」というオープン資源までたどり着いたのではないか。そんな課題とアイデアの間の距離感が、あっと言わせる驚きをもたらしている。そしてこの距離感こそ、オープン資源を活用した戦略づくりのなせる業なのである。

「うなぎが本来持っている良さは？」「他の魚と比べて良いところは？」などと、オウンド資源やその周辺をガムシャラに掘り続けていたとしたら、平賀の没後200年以上を経た今日に至るまで、土用の丑の日にうなぎを食す習慣はなかったかもしれない。

一見関係がない資源カードが、急にゲームを解決させる重要なカードとして機能してくる。それがオープン資源の魅力である。平賀のように、まったく違う角度からオープン資源を引っ張り出すことができれば、ゲームはより一層面白くなってくる。

KEYWORD

ステージVの関連キーワード

●**リソース**：ビジネスではカタカナのままよく使われる。戦略論ではよく「有限な資源」と表現されることが多いが、その際に指している資源・リソースは、このオウンド資源のみを指している場合が多い。

●**グーグル先生**：グーグルを検索さえすれば分かってしまうような情報も、オープン資源の代表選手であり、バカにはできない。もちろん、誤情報も多いため注意は必要だが、使い方次第では、グーグル検索は優良な「資源カードの発掘現場」となる。

●**事例集・ケーススタディー**：経営戦略やマーケティング戦略を学ぶ場では、ビジネスの参考になる事例をケーススタディーと呼び、それを学習するプログラムがある。これらの過去事例や知見もすべて、活用可能な資源となる。

STAGE Ⅵ：「やるべきこと」がハッキリするQ

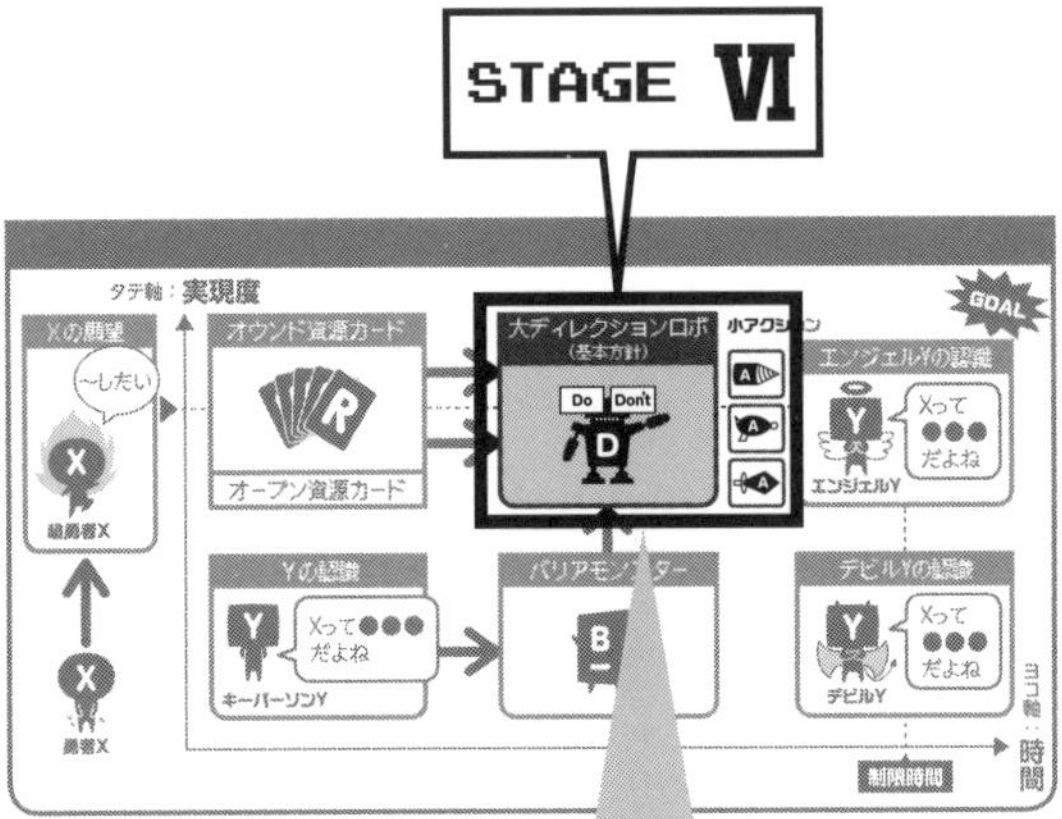

基本Q	1：基本方針として「どんな命令文」を叫べば、ゲームクリアに導けるか？【大ディレクションロボ】 2：大ディレクションを踏まえた「具体的な行動」は何か？【小アクション】
突破Q	**1：ロボショーケースの中に、今回のゲームで使えるロボがいないか？ 2：Xの置かれた状況に合った「大小構造」を切り取れているか？ 3：「To DO（やるべきこと）リスト」はもちろん、「To DON'T（やるべきではないこと）リスト」まで考えたか？**

【悩み①】資源カードまではあるけれど、肝心の大ディレクションを生み出せない……
↓〈突破Q〉ロボショーケースの中に、今回のゲームで使えるロボがいないか？

大ディレクションロボは、ゲームを牛耳る司令官

ディレクション（DIRECTION）とは**「指示、命令」**という意味だ。

呼び名は様々だが、人が集団で活動をするところには、「ディレクター」（指示を出す人）が存在している。例えば、サッカーのようなスポーツであれば監督、街にあるお店であれば店長、世界を航海する船であれば船長である。彼らはみな、ディレクション（指示）を出すことで、チーム全体を動かす立場にある。

世にある戦略本の多くは、戦略づくりの大事な要素として**「基本方針」**を挙げている。大ディレクションの日本語訳は、まさにこの「基本方針」だ。**「作戦」「コンセプト」**などと呼ばれることもある。では、「大ディレクション／基本方針」とは一体何なのか？　実は、中学生で習った英語の文法に、その答えがある。

私たちは、中学英語で「命令文」という文法を習う。「〜セヨ！」という形で、名詞や形容詞ではなく、「動詞」がもっとも強調される文法だ。「Go home.（帰りなさい）」「Don't forget it！（忘れるな）」「Be quiet！（静かにして）」など。聞き手に対して、何かしらの行動を促したり、逆に禁止したりする文型である。

「大ディレクション／基本方針」は、この**動詞を含む「命令文」**からつくられる。逆に言えば、命令文がない（明確な動詞を伴わない）文章は、基本方針としては不適切だ。名詞や形容詞ではなく、動詞を探ることがゲーム攻略のカギとなる。

ゲームマップ上の「大ディレクションロボ」は、常に強い口調でこの**「命令文」**を発し続ける。資源カードを動力源に、ゲームに関わる人々に対して、**「〜セヨ！」**と命令文を大きな声で発信し続けるのだ。

ロボには様々なパターンがある

戦略づくりは、いつだってオーダーメイドである。問題は決まった型で解決できるものではなく、その都度、勇者Xやキーパーソン Y、バリアモンスターや資源カードといった登場キャラの状態によって変わってくる。ただ、ある一定のパターンにまとめることはできる。そうして出来上がったのが、次に紹介する「ロボショーケース」だ。「命令文」に注目すると、大ディレクションロボの大まかな傾向が記されている。

《ロボショーケース》

①一点集中ロボ「大事なことだけをやって、○○でナンバーワンにナレ！」

ライバルがひしめく中、Yが最重視する「ど真ん中の選択基準」で堂々と一番を取る

- 例A：「とんこつ味」だけを磨き上げ、行列が絶えないラーメン屋
- 例B：高度な安全技術で、徹底的に差別化を狙う自動車メーカー

②まだ見ぬ新基準ロボ「新しい○○という基準をツクレ！」

既にある選択基準に頼らず、Yの中に「新しい基準」をつくる

- 例A：美味しさではなく、カロリー・健康志向で勝負した野菜ラーメン
- 例B：書きやすさではなく「書いても消せる」新基軸をうたうボールペン

③あえての逆張りロボ「みんな××するから、あえて○○セヨ！」

多くの人がやることの「逆のやり方」を模索し、Yの意表を突いて魅了する

- 例A：ヘルシーブームに逆行する背脂たっぷり濃厚ラーメン、ライス食べ放題つき

●例B：退屈な漢字練習に「うんこ」を組み合わせ、学習意欲を高めたドリル

④強弱転換ロボ「弱点を、むしろ強みに換えて〇〇セヨ！」

世間には弱みだと思われていることを、「強み」として打ち出して勝ち抜く

●例A：「すぐはがれるのり」を「貼ってはがせる」に転用したポストイット

●例B：長時間の通学を勉強時間に変えて、大学合格を目指す受験戦略

⑤時間・空間ズラしロボ【普通は××しない時や場所で、〇〇セヨ！】

普段それが行われていない意外な場や時間に打ち出すことで、1人勝ちをする

- 例A：日中では見られない動物の様子が分かると人気を博した「夜の動物園」
- 例B：オフィスでワンコインで買えるオフィス置き菓子サービス

⑥不満解消ロボ【「ホントは〇〇したいけどできていない」を解消セヨ！】

今現在「未解決」である不満を見つけて、それに対して対処方法を提案する

- 例A：大物すぎて洗えないソファやカーテン用の消臭除菌スプレー
- 例B：切符を毎回買う手間を省いた交通ICカード（スイカなど）

⑦そもそも論ロボ【そもそも人間って××だから、〇〇セヨ！】

人間として本来的に大事なことに原点回帰し、業界やライバルの常識を覆す

- 例A：便利な道具ではなく、家族として寂しさを埋めてくれるペットロボット
- 例B：あくなき食欲に応えた、脂質や糖質を分解する特定保健用食品のお茶

⑧地球市民ロボ【人類共通の××を踏まえて、〇〇セヨ！】

世界基準で「世のため、人のため」を掲げてYの支持を獲得する

- 例A：世界中の人が使えるフォークで食べるスタイルを確立したカップ麺

●例B：環境性能を訴え、世界中のセレブリティーに支持されたハイブリッド車

⑨未来人ロボ【××年の世界は△△になっているから、○○セヨ！】

現在の当たり前に縛られず、未来から逆算してYを振り向かせる行動をとる

●例A：モノを持たなくなる未来という発想から生まれた、カーシェアリングサービス

●例B：日本人ではなく、世界を目指すアジア人のために大分県につくった国際大学

以上となるが、これらはパターンのごく一部でしかない。実際にはもっと多様なディレクションが存在する。そのため、あらゆる問題を、すべて無理にこれらのパターンに当てはめて考えてはいけない。しかし一方で、何も手立てが思い浮かばない時には頼りになるものである。ぜひ答えにたどり着くためのジャンプ台として活用していただきたい。

ベタなアイデアのその先へ――強制シャッフル発想術

「まずい。ありきたりな考えしか浮かばない……。自分は本当に発想力が乏しい……」そんな自己嫌悪のような感情を抱いてしまった方がいるかもしれない。そこで、「思考が凝り固まってしまって抜け出せない」という状況に効くワーク（作業）を紹介する。いきなり非凡なアイデアに飛びつこうとすると、大抵はうまくいかない。逆説的だが、まずは思いきり「凡人発想」に徹することが、非凡への道を開くカギになるのである。

●ステップ1：ベタな組み合わせによる、ベタな大ディレクションを作成

初めから個性的なアイデアを打ち出そうと欲を出すのではなく、まずは、「普通だったら、こういう組み合わせでやるよね」「100人いたら、過半数がこう考えるだろうね」というベタな（平凡な）資源カードの組み合わせで、大ディレクションを作成してみよう。

おそらく、このベタ案では、バリアモンスターは乗り越えられないことも多いだろう。それでも一度、きちんと可視化することが重要だ。マップとにらめっこしながら、まずベタ案をしっかり形にしてみてほしい。

●ステップ2：ベタ案では使われなかった資源カードを、適当にシャッフル

ポイントは、未使用の資源カード。ステージVで有象無象のカードを掘り当てたことが、ここで活きてくる。まずは「これを使ってどんな意味があるのか？」といった見通しは一切考えずに、手元にある資源カードをただ適当にシャッフルしてみよう。

固定概念や常識といった「ココロの色眼鏡」をさっと外して、直感や運や偶然に身を任せ、手元にある資源カードをシャッフルしてみよう。

●ステップ3：適当に取り上げた3枚を組み合わせ、大ディレクションを考える

手元にはシャッフルしてグチャグチャになった資源カードが散乱しているはずだ。そこから適当に3枚をチョイスして、手元に並べてみよう。そして、無理やりその3つの組み合わせから、1つの大ディレクションをひねり出してみてほしい。もちろん、大ディレクションは、バリアモンスターを乗り越えるためにあるものだ。そのことを意識した上で、1つの命令文「○○セヨ！」を、編み出してみよう。

どうしても思いつかない場合に限り、1枚を手元に残して、また別の資源カード2枚を適当にチョイスし直す。またダメだったら、2枚を手元に残し、残り1枚を新たにチョイスし直す……といったことを繰り返していこう。

これらを繰り返す中で、ステップ1では思いつかなかったような視点や新しい可能

性が、複数見えてくるはずだ。

【悩み②】Ⓐ大ディレクションロボが、当たり前の「べき論」しか言ってない。
Ⓑ大ディレクションが、ただの小アクションになってしまっている
↓〈突破Q〉Xの置かれた状況に合った「大小構造」を切り取れているか？

名司令官は、「大小構造」を巧みに操る

実はあらゆる「大ディレクション」には、「大ディレクション（命令）→小アクション（行動）」という数珠つなぎの**「大小構造」**が隠れている。

次ページの図の通り、例えば高校受験に挑む勇者Xが行う戦略づくりの場合、「苦手科目の英語の点数を伸ばせ」という命令は「英語のヒアリング量を3倍以上に増やせ」という次の命令へとつながる。そして、それはまた……といった具合で「大ディレクション→小アクション／次の大ディレクション」がつながっていく。

別の言い方をすれば、大ディレクションには、「目的→手段／目的→手段／目的……」という構造が潜んでいるとも言える。

数珠つなぎの大小構造は、下に向かえば向かうほど、より具体的な行動を指示する命令文になる。逆に、上にいけばいくほど、抽象度の高い命令文になる。この「大小構造」を見極め、どこを切り取るかが戦略家の腕の見せどころだ。切り取る部分が、**「上過ぎても、下過ぎても」ダメ**なのである。

「上過ぎる」とはどんな場合か。前述の高校受験の例で言えば、最上位にある大ディレクションは「合格セ

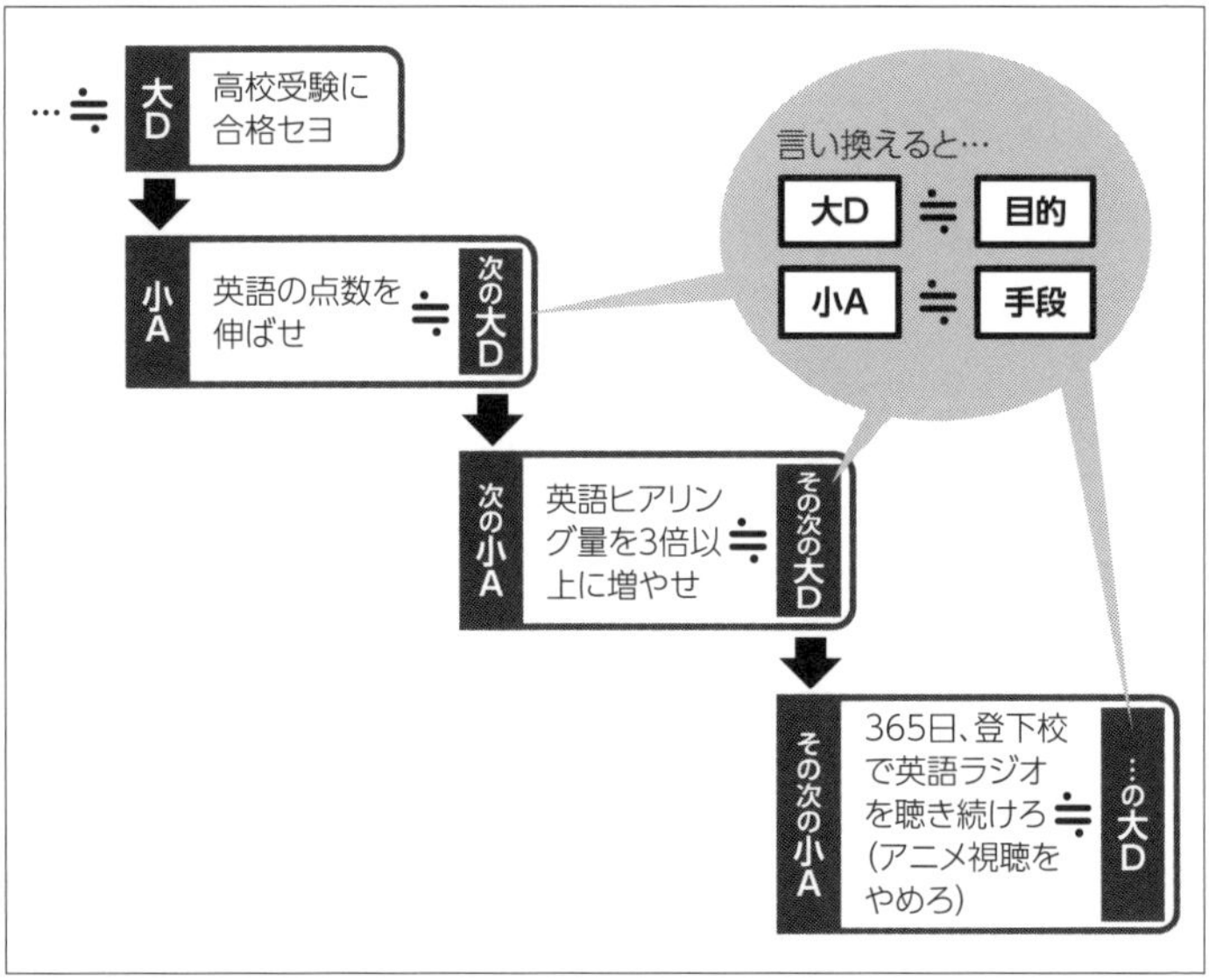

ヨ」である。これを命令されたところで「言われなくてもそんなことは分かっているよ」となってしまうだろう。この場合、抽象度を下げて（具体度を上げて）、より詳細なディレクションを練り直さなければならない。

つまり、抽象度の高い大ディレクションは、「より根源的で大事なこと」に言及することができる反面、一歩間違えて「上過ぎる」ディレクションになると、「誰にでも分かる、当たり前過ぎること」になってしまうのだ。これでは、問題は解決しない。

「小ディレクションロボ」は、呼び出しNG

また逆に、「下過ぎる」場合は、大ディレクションロボを呼んだつもりが、「小ディレクションロボ」を呼び出してしまうこともあるので、注意していただきたい。

大ディレクションロボは、バリアモンスターを乗り越えるための様々な「小アクション」を抱えた**「技のデパートメント」**である。一方の**小ディレクションロボ**は、単なる「小アクション」が間違ってディレクションロボになってしまった姿のため、持ち技がたった1つの「小アクション」でしかない、いわゆる**「一発屋」**だ。それゆえ、ゲームをクリアできる確率は極端に低い。

例えば、あるコンビニの運営会社で、「アルバイトの採用」について議論していたとする。

勇者Xが全国展開する「コンビニ運営会社の社長」である場合、「アルバイトの採用」について考えるべきことは、どんなことになるだろうか。

もし社長が、「P市内のある店舗でAさんとBさんのどちらを雇うべきか？」という個別具体的な問題に、「Bさんを雇え」というディレクションを行っているとしたら、よほどの事情がない限り、それはふさわしくない状態と言えるだろう。社長という立場にとって、「Bさんを雇え」という命令文は、小アクションにすぎず、これをディレクションと取り違えてしまうと、「小ディレクションロボ」を召喚してしまうことになり、問題解決はきっとうまくいかない。社長はもっと大きな視点で（抽象度の高い視点で）、コンビニ経営の全体を考えることに時間を使うべきだ。例え

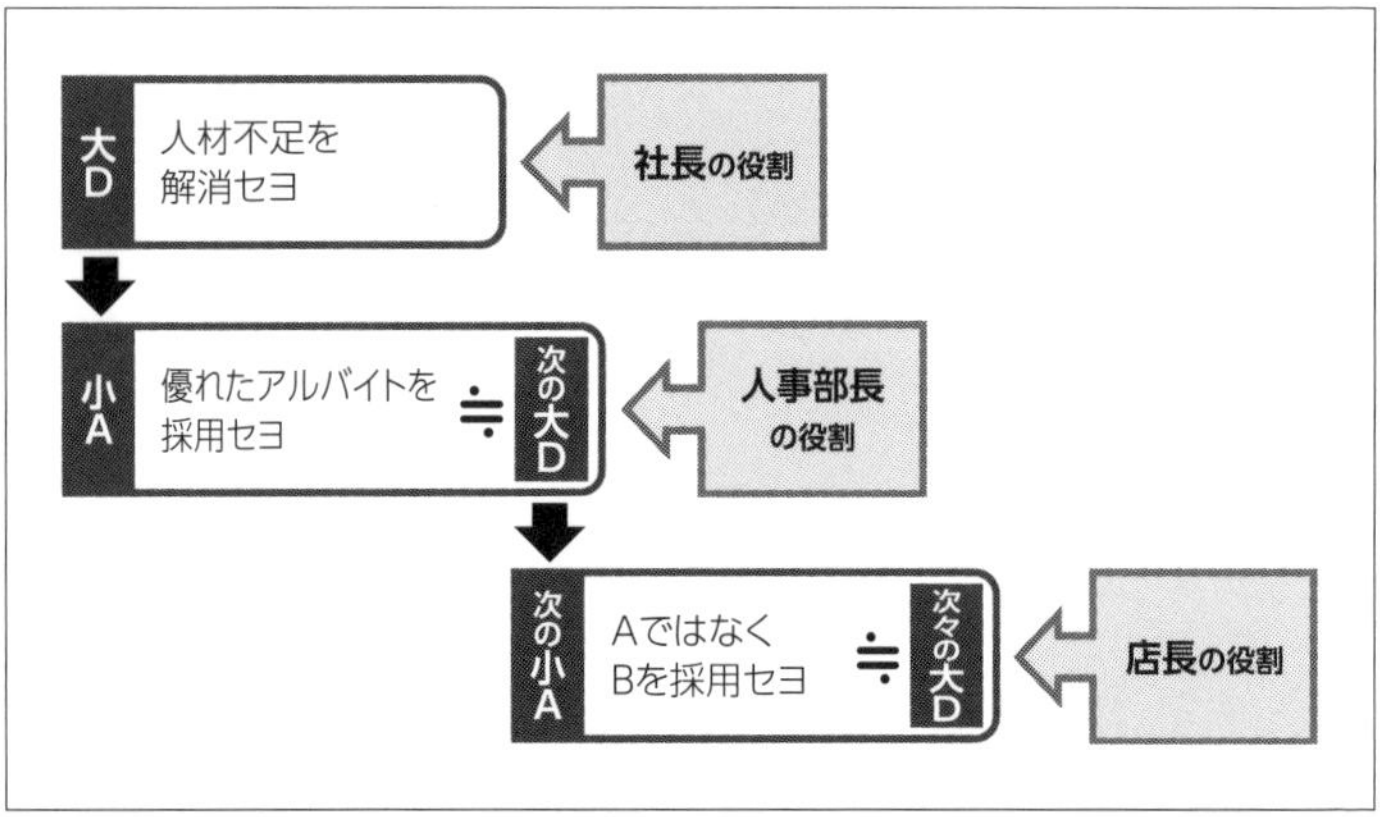

ば、社長は「人材不足の解消」を掲げ、それに応えた人事部長が、「どんなスキルや人柄の人が、我が社のコンビニで働くのに相応しいか？」と考えることになるだろう。

一方で、勇者XがP市内の「1店舗の店長」という立場であれば、「AさんとBさんのどちらを雇うべきか？」について、直接ディレクションを行うべきだ。

このように、勇者Xが置かれている立場や状況に応じて、切り取るべき「大小構造」は変化する。そこを見誤ってしまうと「小ディレクションロボ」を引き寄せてしまうのだ。

【悩み③】大ディレクションに従った小アクションが、うまく計画できない……
↓〈突破Q〉「To DO（やるべきこと）リスト」はもちろん、「To DON'T（やるべきではないこと）リスト」まで考えたか？

名プロデューサーが説く「親とのつきあい方」

優れた大ディレクションを生み出すことができても、「DO／小アクション」がなければ、この世は何も変わらない。しかし人は悲しいことに、それを忘れがちである。例えば、「あの人って、口だけなんだよね」というコメントはよく聞く陰口だが、小アクションがない人は、まさにこの状態に陥っている。

この「口だけ人間」の対極にいる人物の1人が、スタジオジブリのプロデューサー鈴木敏夫氏である。『となりのトトロ』や『もののけ姫』など、日本だけではなく世界中で愛される作品を生み出し続けた。彼の話はいつも魅力的な戦略づくりにあふれている。ここでは筆者がラジオで耳にした話を紹介したい。

その日の話題は、「親とのつきあい方」だった。子ども時代は親しい間柄だったものの、自分で家庭を持って離れて暮らしている状態が長く続くと、親とのつきあい方は難しくなってくる。もちろん親は心を込めて大事にしたいと思うのが、一般的ではないかと思う。

しかし彼は、親との関係に悩みを抱えた知人に対して、「いくら心なんか込めたって、人間関係はダメだ」と一喝したという。その上で、「母親とは毎日5分、必ず電話をすると決めろ」とアドバイスしたというのだ。

「ゲームマップ」にのっとって考えてみると、「母を大事にしたい」という勇者Xの願望をかなえるため、「母と毎日、会話をする」という大ディレクションを掲げよと彼は唱えた、ということになる。その上で、小アクションとして「1日5分電話する」を提案したのだ。実に明確な指示である。「何もせずに、ただ親のことを想う」という時間からは、残念ながら、認識を変えるアクションは生まれにくい。むしろ、その時間は苦しみに変わってしまう可能性すらある。

一方で、どんな内容でもいいから「毎日5分間」の電話を続ける。その行動は、確実に母親の認識（キモチ）に影響を与える。毎日のように母へ感謝を述べる必要はない。けんかをしたっていい。ただただ、毎日5分間を徹底して守る。実際に、この指示に従った彼の知人は、親との関係がとても良好になったという。

鈴木氏が示したように、問題を解決するためには、あくまで**行動主義**でいなければならない。フワフワした理想や幻想に浸ることなく、目の前にあるバリアモンスターと向き合い、具体的な行動につながりやすい大ディレクションを設定した上で、Yのキモチを動かす小アクション（行動）を打ち立てる必要があるのだ。

DOの順番が、解決ストーリーを生む

「DO／小アクション」は、いつも一撃必殺の一発勝負だとは限らない。複数の「小アクション」を組み合わせて、見事バリアモンスターを乗り越えるゲームも多い。

特にビジネスの現場では、幾つものアクションを組み合わせ、問題解決に挑む場合が多い。そこで大事になるのが**「順番」**だ。「何を先に使い、次に何を繰り出すか？」といっ

た技の順番が、その効力を大きく左右する。ちなみに、ゲームマップのヨコ軸は常に時間であるため、必然的に順番を生み出すようになっている。

例えば、「凍らせると一発で倒すことができる、氷に弱いモンスター」を想像してみよう。「水をかける」の後に、「冷凍ビームを撃つ」というアクションを続けることができれば、モンスターを簡単に退治できる。しかし、この順序が逆の場合、相手を凍らせることはできない。むしろ後からかけた水によって冷気が和らぎ、モンスターは元気になってしまうかもしれない。この例はあまりに単純すぎる話ではあるが、このように時間軸を意識して、技の順番にこだわるだけで、効果は大きく変わってくるのである。

経営戦略の名著『ストーリーとしての競争戦略』（楠木建著、東洋経済新報社）では、ある出来事が次の出来事につながっていく、その順番が生み出す「ストーリー」こそが戦略の肝であると語られている。机上の空論ではなく、実際に人を動かす戦略論を身につけたい人は、一読を強くオススメする。

「DO」は明確な「DON'T」を連れてくる

戦略づくりが上手な人は、物事を裏側から眺めることが得意だ。表から見たら、すかさず裏からものぞきこむ。そんな習慣が染みついている。

ステージⅥでは、特に「裏側」に注目しなければならない。なぜならば「やるべきことを決定する」という決断の裏側には、常に「やるべきではないことを決定する」という行動もセットになっているからだ。

とは言え、この原則を実際に貫き通すことは難しい。**「DO（すべきこと）」**が明確になった後も、ついつい**「DON'T（すべきではないこと）」**をしてしまうのが人間だ。特に、日々習慣のようにしている行動を、いきなり「すべきではないこと」にしようと決断しても、ついついやってしまう。そこで、自らの「すべきではないこと」を明確に言語化しておくことが予防策として有効となる。

明文化された**「やらないことリスト」**は、ゲームクリアのその瞬間まで肝に銘じ続けなければならない。そのためにも、左右の両眼を常に光らせ「DO（セヨ）」「DON'T（スルナ）」と叫び続ける「大ディレクションロボ」を、常に頭の片隅に置いておいていただきたい。

スタバが「チーズ入りサンドイッチ」を売らなくなった理由

日本でも数多く見かけるコーヒーショップ、スターバックスを長年けん引したハワード・

シュルツ氏の『スターバックス再生物語』（ジュアンヌ・ゴードンとの共著、徳間書店）は、彼がCEOから退いた後に復帰し、ブランドの再生に挑んだ2008年以降の日々がつづられている。この本は、戦略づくりの金言に満ちた一冊だ。中でも、チーズ入りのサンドイッチを喜々として販売し続けていたスタッフや店長たちに、シュルツが不満を爆発させるエピソードには、「やらないことリスト」の大切さが凝縮されている。

2007年当時、スターバックスでは朝食用にチーズやソーセージなどを詰め込んだサンドイッチを店頭で温めて販売するスタイルを数年間続けていた。固定ファンも増え、コーヒーだけを買って他店で朝食を購入する客は減少し、売り上げ・利益ともに向上していた。一見、経営者としては好ましい状況だったろう。

しかし、CEOとして復帰したシュルツは憤怒した。そして即時に「チーズ入りサンドイッチ」の販売を中止させたのだ。同書には「わたしには耐えられなかった」と強い言葉でつづられている。なぜだろうか？

彼が思う同社の最大の願望、言い換えれば会社として最も大切にすべき使命は、「人々の心を豊かで活力あるものにするために、客にコーヒーとそのコミュニティ（空間）を提供すること」だった。それを実現するための「すべきこと」だけを次々に行っていたのだ。それを邪魔するものはすべて**「すべきではないこと」**なのである。

いくら売り上げが伸びたとしても、客に支持されたとしても、サンドイッチが温められて立ち上る濃厚なチーズの香りは、コーヒーの香りを邪魔するので「すべきではないこと」だという。とてもシンプルな、しかしなかなかできない決断ではないだろうか。

このエピソード以外にも、様々な選別を繰り返して、2000年代の後半にスターバックスは見事に世界の成長企業へ返り咲くことができた。シュルツ氏のように、未来を向いた志ある願望と大ディレクションを持ちさえすれば、「すべきではないこと」をしっかりと定義して、徹底して排除することができるのだ。

KEYWORD

ステージⅥの関連キーワード

●**大作戦・作戦**：漫画アニメやゲームでよく登場する表現。「イノシシ捕獲作戦」のようにシンプルに行動を記述したものもあれば、「ヤシマ作戦」のように地名や人名などのネーミングもある。

●**ルール**：基本方針を「ルール」と表現し、「戦略とはルールづくりである」と主張する専門家も多い。

●**コンセプト**：もともとは「構想、概念、発想」といった意味を持つ英語。日常会話にはあまり出てこないが、ビジネスでは、実に様々な意味合いで使われている。仕事で「コンセプトを考えて」と言われた場合には、「そのコンセプトとは何を指しているのか？」を事前に確認しておくことを強くオススメする。商品コンセプトのように、意味通りに使われることもあるが、話し手によっては、本書の「大ディレクション／基本方針」という意味で使われる。

●**大方針・行動指針**：基本方針と同義。具体的な行動ではなく、それらを左右する方向性について言及する表現であることが特徴。また、この時よく使われる「大」の意味は、物理的な大きさを示すものではなく、基本方針における「基本」と同じ意味で、「その物事の根本」という意味。

●**手段**：あることを実現させるために実際に起こす行動。小アクションはすべて手段。

第4章

みがく篇

毎日の行動を
変貌させる
「戦略習慣術」

発達した「サッカー脳」を持つプロサッカー選手が、常人とは異なる視点で「試合というゲーム」に挑むように、発達した「戦略づくり脳」を持つプロフェッショナルたちは、独自の視点をもって「戦略というゲーム」に挑んでいる。

しかしそれらは、一朝一夕でできるものではない。そこで本章では、仕事だけではなく、何気ない毎日の習慣の中で、プロ顔負けの「戦略づくり」を行うための心構えやテクニックを「術」という形で紹介する。多彩な「術」を駆使して、柔軟な「戦略脳」を磨いていただきたい。

1　足元ウォッチングの術
——無意識の「偏見」を疑う

偏見に対する意識が、戦略づくりの質を変える

「常識とは、18歳までに身につけた偏見のコレクションのことだ」と言ったのは、科学者のアインシュタインである。彼が言う通り、誰もが無意識に**「偏見」**にとらわれている。

悩ましい問題にぶつかり、解決策が見えない暗い道に迷い込んでしまったら、今一度、自分の「足元」をしっかり観察してみよう。すると、あまりに自然に乗っかっているあまり、乗っていることすら意識できていない偏見コレクション、つまり**過去の戦略が生み出した「システム」**が見えてくる。

「無意識に偏見に振り回されている状態」と、「意識的に偏見を把握した状態」では、次の一手が大きく変わってくる。

メガネは誰のためのもの？

メガネを使う人は誰かと問われれば、「目が悪い人」と答えるのが自然だろう。メガネの製造や販売に関わる多くの会社では長い間、「メガネ＝目が悪い人たちのもの」というのが常識だった。アインシュタイン風に言えば、彼らはそんな常識という偏見（システム）に、知らずの知らずのうちに乗っかっていた、ということになる。

そんな中、「目が悪くない人のためのメガネは作れないか」という発想のもと、大ヒット商品となったのが、パソコン用のメガネレンズである。これはパソコンだけではなく、スマホやテレビなど、液晶スクリーンに囲まれる生活を送っているすべての現代人に向けて、目の疲労の原因になる「ブルーライト」を遮断する商品として登場した。様々なメーカーから売り出され、今や一大カテゴリーとなっている。

また、以前は女性だけのものと思われがちだった化粧品において、「男性化粧品」という一大市場が築かれたのも同様だ。「化粧＝女性のもの」という偏見に乗っかることをやめた先に、新しいビジネスが広がっていた。

このように、日常生活はもちろんビジネスにおいても、無意識に乗っかっている偏見を意識し直すことで、今まで見落としていたチャンスに気づくことができるのである。

2 スモール事始めの術
――常に「ザコキャラ退治」から始める

すべては小さく始める

冒険RPGの世界では、まずは「ザコキャラ」との対戦を通じて、経験値を積み重ねていく。俗に言う**「レベル上げ」**である。強敵に戦いを挑むのはその後だ。しかし、このことはゲームの世界では当たり前であるにもかかわらず、現実世界では意識されないことも多い。練習なしにいきなり「大事な試合」に臨んでしまうケースが少なくないのだ。

普段は戦略づくりを考える習慣がなく、友人の誕生日を祝うための戦略を立てた経験すらない人が、他人の人生を大きく変えてしまうような大戦略を立てることはできないだろう。単に「友人の誕生日を祝え」という話をしているのではない。日常的な営みの中で、戦略づくりを実践することが重要だ、という話である。

もし仕事でしか「ゲームマップ」を使わないとすると、週に数回程度しかマップを活用しないだろう。しかし、面白がって日常生活のささいなことにも「ゲームマップ」を使う人は、1日に何度もマップを駆使することになる。

まず、今日の献立から考えてみよう

人生を揺るがすような大問題も、今晩の献立のような日常的な悩みも、「ゲームマップ」では平等に扱われる。ジャンルを超えて、戦略づくりの経験値はシームレスに蓄積していく。だからこそ、日々使い続けることで、着実にレベルアップできるようになる。

そこで、「明日から」ではなく**「今日この瞬間から」**使える問題をぜひ探していただきたい。極めて小さい問題で構わない。ただし、小さな問題だからと適当に扱うのではなく、真剣に取り組まなければならない。

例えば、「今夜は何を食べようか?」という身近な話題でも十分だ。友人と一緒に食事をする予定があれば「どんな話をすれば、友人に喜んでもらうことができるか?」と考えるのもよいだろう。もしダイエット中であれば、「今日より1カロリーでも代謝のいい、明日の1日を送るにはどうしたらいいか?」と考えてみてもよい。

「継続は力なり」である。遊び心を大事にしながら、**小さい戦略づくり**を積み上げ続けた人たちは、大きな戦略を組み立てることができるようになる。

3　ポジティブ失敗の術　――「実らなかった努力」を資源カードに変える

「実らない」と「実らなかった」は大違い

「あんなに時間をかけたのに、どうしてうまくいかないんだ……」

「仕事でもプライベートでも、『努力は必ず報われる』なんて、所詮はキレイごとだ……」

厄介なことに、この世の中には2種類の努力が混在している。結果が真逆の**「実る努力」**と**「実らない努力」**とが、ゴチャ混ぜになっているのだ。そして多くの人が、自らの意思に反して、「実らない努力」に陥っている。

無駄な時間や労力を最小化する「ゲームマップ」は、まさにこの「実らない努力」を撲滅する武器となる。

「実らない努力」とは「戦略をつくる」という重要なステップを踏まず、ただ流れに任せて、ガムシャラに問題に挑んだ結果としての努力を意味する。そのため、「何がどう悪かったか」といった反省材料を与えてはくれない。

一方、「実らなかった努力」とは戦略を考えて挑んだものの、その通りにはいかなかった失敗のことだ。そのため、「想像したゲームマップと、現実に起こったことのギャップは何か」などを学ぶ貴重な教材を与えてくれる。「実らなかった努力」は、次の成功に向けた貴重な「資源カード」になるのだ。

「九敗」という資産

日本を代表する企業、ファーストリテイリング創業者の柳井正氏によるベストセラー『一勝九敗』（新潮文庫）は、「実らなかった努力」のことを次のように高く評価している。

「十回やれば九回失敗している。この失敗に蓋をするのではなく、財産ととらえて次に生かすのである。（中略）自分の姿を見ようとしたら、計画して失敗するのが一番いい。あ、これはこう計画していたんだけれども、ここが違ったな、ということがはっきりわかり、次はこういうふうにしようとトライする」（※傍点筆者）

9回の「実らなかった努力」は1回の成功を引き寄せるが、無計画な「実らない努力」を何百回と重ねても、一度の成功も得られない。これは経営の話に限らない。

また、1つの戦略ですべてが解決するわけではない。あまたの戦略の蓄積の果てに、1人の人生が出来上がる。だからこそ、1つの戦略の成否に一喜一憂してはいけない。失敗という痛みを伴って獲得した「実らなかった努力」という貴重な資源を使って、次回からの戦略づくりをより良いものに変えていき、そしてそれをまた繰り返す。そんな好循環を保つ姿勢が大切になる。

4　クリエーティブ発想の術
――「形無し」ではなく「型破り」になる

古典芸能に学ぶ「型破り」の方法

多くの人に愛された名役者、故十八代目中村勘三郎氏。ニューヨークで「平成中村屋」の興行を大成功させるなど、様々な「型破り」を実践し続けた。彼いわく、「型をきちんと会得した人間が、それを破ることを**『型破り』**というのであって、型のない人間がそれをやろうとするのは、ただの**『形無し』**」だということだ。

また、落語界で異才と言われた故立川談志氏も、同様に「型破り」の大事さを語ったという（『赤めだか』（立川談春著、扶桑社文庫））。

彼らが言う通り、「形無し」と「型破り」は、似て非なるものなのだ。型を無視した「形無し」は一見自由なように見えて、その内実は、行くべき方向も分かっていない迷子の状態である。これではかえって非効率な行動が増えて、実らない努力に振り回されることになってしまう。

またこの「型破り」の精神は、剣道や華道、茶道などの**「守破離」**の教えにも通じる。「破る」ためにはまず型をしっかり「守る」必要がある。

「型を守る」のち「破る」

「型をきちんと会得する」というのは、何も伝統芸能だけの話ではない。戦略づくり全般に通じる話だ。広告業界においては、思考法や発想術を記した枠組みであるフレームワークを嫌う傾向があるように思う。「自由な発想が邪魔され、アッと驚く企画を生み出す障害になる」と思われているのだろうか。

しかし実際はその真逆だ、と筆者は考えている。高いクリエーティビティーを発揮する人ほど、きちんと**型を守る**ことから始めている。もちろん、型に当てはめればすべてが解決するわけではないし、「型を何より大事にせよ」とはみじんも思わない。

しかし「型」は、思考を深める武器になる。なぜなら型は、先人たちの創意工夫や経験の中から、「役に立たない粗末な情報」がそぎ落されて、「役立つエッセンス」だけが残って出来上がったものだからだ。

アイデアに自信が持てない人ほど、「型」を大事にすることで、ただ漠然と自由に発想する中では発見できないクリエーティブな発想にたどり着く確率が高まる。

また、その型を何度となく繰り返す中で、「型のここを変えれば、もっと良くなるのではないか?」というふうに、より自分に合った方法論が見つかることがある。その時こそ堂々と「型破り」を実践すればよい。

もっとも避けるべきは、この過程をスキップした、単なる「形無し」だ。

5　敏腕プレゼンの術
――アガリ症を克服し、伝える力を高める

ゲームマップは最良の台本になる

「もっと上手に、自分の想いや要件を伝えたい……」
「本当はもっと色々考えているのに、プレゼンでうまく話せない……」

このような「話し方に関する悩み」は、多くの人を苦しめている。その証拠に、書店には「相手の眉間を見て話す」「結論を最初に」など、「どう話すか？」のテクニックを紹介するような本が多く並ぶ。

しかし、聴き手にとってまず大事なのは「どう話されるか？」というスタイルの話ではなく、「何を話されるか？」という中身だ。どれだけスタイルが整っていても、肝心の中身が伴っていなければ、次第に聴衆の心は離れていく。すると話し手は自信を失い、普段通りに話せなくなり、結果的にアガってしまう。

しかし案ずることはない。ここでも「ゲームマップ」は心強い武器になる。聴衆を「キ

ーパーソンY」においたマップをつくれば、「何を話すか？」の「何」を迷うことなく見つけることができるのだ。

また、つくったマップは、そのまま「話すための台本」にもなる。6つのステージの要素を順々に説明していくことで、自然とロジカル（論理的）に話を進行できる。プレゼンはもちろん、日常会話も、**「ゲームマップという台本」**を片手に、伝える内容の全体像をきちんと把握することで、自信をもってトークに挑むことができる。

「その場でどう勝つか」ではなく「今後どうしたいか」に議論を集中させる

また、プレゼンの質疑応答やミーティングの際には、もう一点注意すべきことがある。

一見、冷静な態度で会話をしていても、会話を重ねるほどに議論は白熱し、迷走しがちになる。すると、「この議論の果てに、どんな未来を実現したいか」という本題から外れて、「その場の議論で、いかに相手を打ち負かすか」という状態に陥ってしまうことがあるのだ。俗に「マウンティングする」「マウントする」と呼ばれる状況である。

女性同士の見栄の張り合いをやゆした「マウンティング女子」という言葉もあるが、男女問わず、プレゼンや議論が気づかぬうちに「マウンティングゲーム」に入れ替わってしまうことには、注意していただきたい。

「ゲームマップのドコを話しているのか？」を常に意識することで、マウンティングゲームから抜け出し、本来行うべき会話内容に戻していくことができる。

6　アイデア睡眠の術――「？」で寝かし、「五感」で起こす

アイデアの寝かせ方

睡眠術と言っても、ここで紹介するのは「健康的になる」「疲れが取れる」といったものではない。**「問題解決力を高める睡眠術」**だ。

発想本の類を読むと、「アイデアは寝かしつけるべし」という話がよく載っている。この主張に出合うたび、筆者はよく、「そんなバカな。本当だろうか？」と疑ったものだ。しかし、その疑いは大間違いだった。実際に「寝かしつける」と、アイデアは育つのである。詳細は専門書に譲るが、その効果は脳科学でも実証されている。

ただ、何でも寝かせれば解決するわけではない。論理的かつ具体的な「寝かしつけ方」がある。そのカギとなるのも、何度も紹介した「疑問文」である。休息に入る前、**「明確な疑問文」をセット**しておくことで、休息中の脳の動きをコントロールし、アイデアとの偶然の出合いを計画的に引き寄せることができるのだ。

一度考え始めたものの、なかなかアイデアが浮かんでこなくて、疲れを感じてしまった。そんな時は、「資源カードは他にないか？」などの疑問文を、1つ、2つ厳選してメモするようにする。こうして頭の片隅に、その疑問文たちをセットするのだ。

「制限時間」に余裕があれば、その状態で1週間ぐらい放置してみるのも手だろう。しかし、そんな悠長な状況ではないことも多い。一方で、個人差はあるものの、わずか1、2時間の放置では、なかなか効果が表れないそうだ。脳や身体の生理的な働きもあって、一度睡眠を挟むことが有効だと言われている。

そこで、筆者がよく行うのは**「2段階放置」**である。考えてもアイデアが浮かばない時は、①翌朝まで放置（起きてすぐに考える）と、②翌ランチまで放置（昼食後に考える）をセットで行う。そうすることで、24時間以内に計3回、フレッシュな状態で問題と向き合うことができる。これでも倒せない難題の場合は、③翌々朝に再チャレンジするようにしている。

アイデアの起こし方

アイデアを寝かしつけたら、次に起こさなければならない。ではどうやって起こすのか？この時重要なのが**「五感」**を使うことだ。頭の中だけで考えていても、脳に対しての刺激は限定的だ。全身を使うことで脳は活性化され、アイデアへの感度が高まる。少なくとも、**視覚・聴覚・触覚**の3つは常に使うよう心がけたい。手で書き（触覚）、それをちゃんと確かめて（視覚）、口に出してみよう（聴覚）。

ボンヤリ考えていた時には見えなかったが、いざ口に出してみると、スルスルと問題点が分かってくる。難題に挑む際は、一度疑問文をセットして寝かしつけた上で、手や口を、時には鼻も使って、五感で思考してみていただきたい。

7　読書メモの術——「読むだけ読書」から卒業する

実りのない読書は、時間の無駄

ビジネス書を読んでは、「これは仕事に使える！」と胸が高鳴るも、翌朝起きるとその興奮はすっかり冷めてしまい、仕事への活かし方が分からなくなる……。恥ずかしながら、筆者は以前こうした状況に悩まされていた。熱量のある名著に鼓舞されても、具体的な行動が変化しなければ、読書にかけた時間も費用も無駄になってしまう。

そんな、「勉強や仕事のためだと思っていざ本を読んでみたものの、その本のやり方を体得できない」という悩みを抱えた人の助けになる具体策を紹介する。読書術ではなくメモ術なので、小説をより楽しく読む方法や、いち早く本を読み終わる速読術の類ではない。主にビジネス書や実用書を念頭に、それらで紹介される様々な「思考法」や「勉強術」「○○理論」といった**フレームワークを自分のものにする**方法だ。

人は、頭ではなく手で考える

哲学者の野矢茂樹氏は著書『はじめて考えるときのように』（PHP文庫）の中でこう述べている。

「考えるということは、実は頭とか脳でやることじゃない。手で考えたり、紙の上で考えたり、冷蔵庫の中身を手にもって考えたりする」

これは哲学に限った話ではない。「考える」「言葉にする」という行為は、「頭の中」ではなく**「頭の外」**で行われている。つまり、手を動かす中で実行されるアクションなのだ。そのため、読書を通じて何かしらのスキルやフレームワークを身につける場合、ポイントとなるのは、「頭の動かし方」ではなく**「手の動かし方」**である。

「枠」だけではなく「枠の外」も埋める

本書で紹介する「ゲームマップ」というフレームワークでは、6つのステージという**「手順（ステップ）」**と併せて、バリアモンスターなどの**「枠（書き込み要素）」**が用意されている。このように、他書で紹介される思考法やフレームワークにも、作成者が意図した「手順」と「枠」とがある。まずは、そこで提示された「手順」に沿って、各項目の「枠」を埋めていただきたい。

ただしここで、ひと工夫が必要になる。

ポイントは**「枠の外」**だ。初めて使うフレームワークでは、「その枠に収まらない要素や感想」を抱くことが多々ある。「こうは書いてみたものの、本当にコレでいいのか」「あ、待てよ。ここには別のものが当てはまるのではないか」など、様々な言葉が「枠の外」へ漏れ出るのだ。

枠内に収めることばかりにガムシャラになっていると、そんな「枠の外」に漏れた言葉はすべて忘れ去られてしまう。しかし、問題解決のヒントはそんな「枠の外」にこそあることも多い。そこで、それらもすべてメモに落とし込むことを

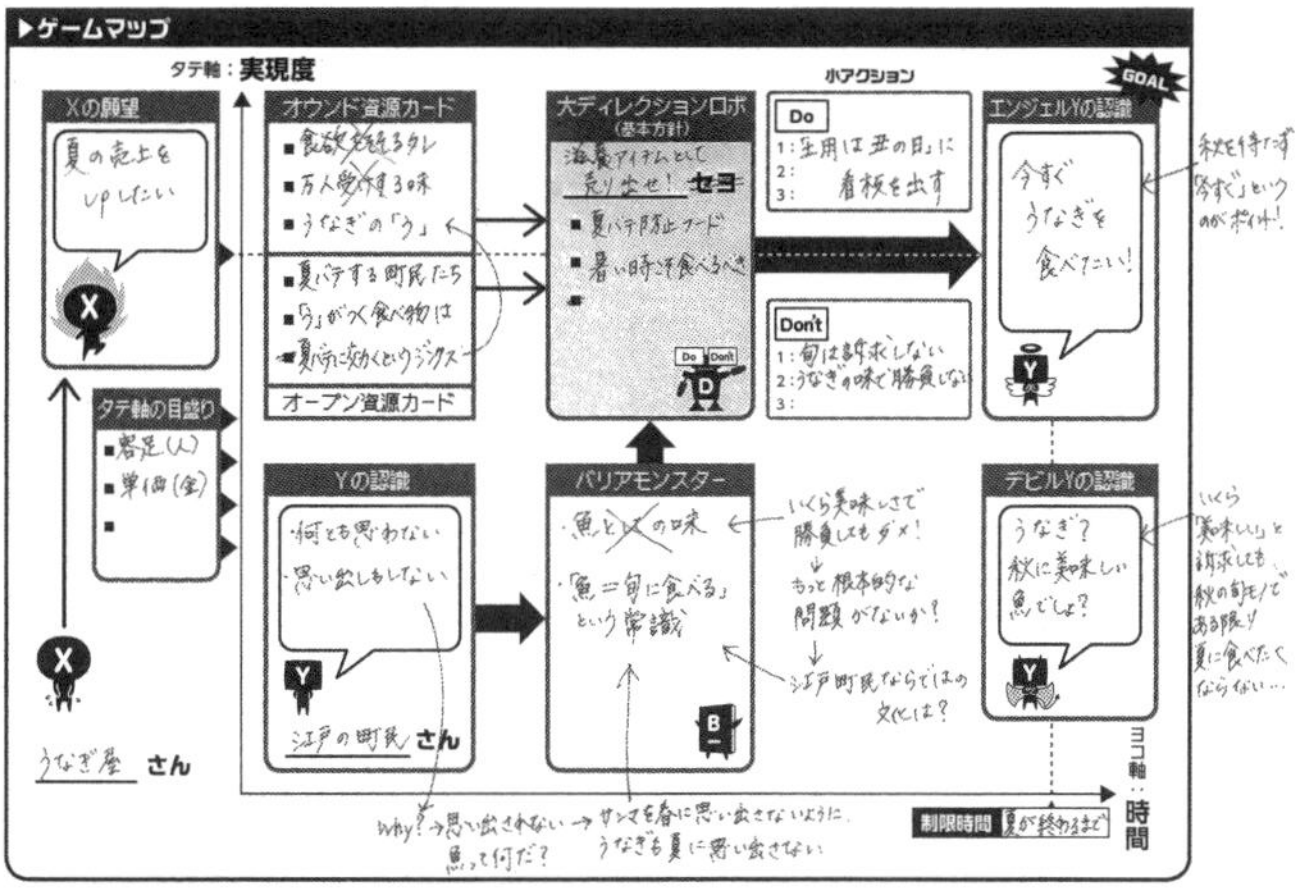

「お試しゲームA　うなぎ屋」に関する、筆者のメモ

オススメする。

悩んだ末の結論だけをメモに残すのではなく、悩んだ過程のすべてを言語化、つまり可視化するのである。言わば**「悩みの実況中継」**だ。そうすることで、フレームワークのどの項目で、「自分は何が分からないのか?」が明確になる。

また、メモをする際の合言葉は**「カッコつけるな!」**である。頭の中で思っていることを「そのまま書き出す」という行為は、意外に難しい。いざ筆記用具やパソコンやスマホを前にすると、自然と背筋が伸びてしまうのか、カッコつけた表現をして「自分が本当はどう思っているのか?」がはっきりしない曖昧な記述になりがちだ。

カッコつけずにメモをすることに難しさを感じた人は、「書き言葉」ではなく**「話し言葉」**で記述することをオススメする。メモに話し言葉を使うことに抵抗がある人もいると思うが、カッコつけず素直になるには「話し言葉」が向いている。友人に話しかけるように、自分が抱えている問題について「話し言葉」で書き連ねてみると、筆が進みやすい。

以上が「ゲームマップ」の考え方を、毎日の中で実践する7つの行動術だ。

この他にも、日常生活の中で自分流の「ゲームマップ」活用を行うことで、様々な新しい術が見つかるだろう。ぜひ自分オリジナルの「戦略習慣術」を生み出していただきたい。

COLUMN

「メモアプリ」と友達になる

スポーツ漫画『キャプテン翼』に「サッカーボールは友達」という名セリフがあるが、戦略づくりで友達にすべきは「メモアプリ」である。これは、手を使って言葉を「頭の外」へ吐き出すツールである（最近は、音声入力の精度が格段に上がってきたため、必ずしも「手」に頼る必要はなく「口」を使うこともできる）。

ここでは参考として、筆者が仕事で活用しているメモアプリを紹介する。自分に合うアプリが見つかれば、ここで挙げるものにこだわる必要はない。なお、アプリは常にアップデートされるので、最新情報と擦り合わせながらご覧いただきたい。

1　アウトライナー型（WORKFLOWYなど）

日本ではまだ使用している人はごく一部のようだが、このシンプルなメモアプリは非常に便利だ。筆者は、哲学者・千葉雅也氏の著書『勉強の哲学』（文藝春秋）を読み、その存在を知った。無料版もあるので、日々の問題解決のお供に、お試しいただきたい。より具体的な活用法が気になる方は、『勉強の哲学』や、同書でも参照されている『アウトライナー実践入門』（技術評論社）をオススメする。

2　オンラインノート型（EVERNOTE・OneNoteなど）

こちらは多くのビジネスパーソンが活用しているアプリ。スマホやパソコンなどのデバイスに縛られず、クラウド（インターネット上での保存）を通じて、どこでも同じ内容のノートが開けるメリットがある。また、ノートそれぞれの仕分けや分類ができるため、情報の蓄積に向いている。筆者は、まず思いつきや考え途中のものは「アウトライナー型」に、そして片付いた問題や読書記録などは「オンラインノート型」に残すようにしている。

3　紙とペン

テクノロジーがいくら進歩しようと、人類最強のメモツールはやはり「紙とペン」ではないだろうか。筆者も行き詰まった時にまず頼るのは、お気に入りのノートと万年筆である。近年はタブレット端末はじめ「ペン型ツールを使った電子メモ」の開発も盛んである。まるで手書きのような書き心地を実現したメモアプリも多い。それらが既に手になじんでいれば、「紙とペン」にこだわる必要はない。

エンディング

「実らない努力大国ニッポン」への処方箋

勇者の活躍により、世界に平和が訪れた。しかし、残念ながらそんな日々はそう長くは続かない。また新たなモンスターが、仕事でもプライベートでも、顔をのぞかせている……。だが恐れる必要はない。次々と押し寄せる問題に追われる毎日とは、もうお別れだ。

本書を閉じたその瞬間から、あなた自身が歩む人生というゲームでは、どんなモンスターだって乗り越えられる。

「デキる人の当たり前」

高校時代の友人I君は、絵に描いたようなデキる人だった。勉強もスポーツも、部活だって遊びだって、いつも軽々と問題を乗り越えているように見えた。彼に「どうやったの？」と尋ねてみても、いつも返事は決まって、「えっ⁉　当たり前じゃない？」。

本人が自覚せずに行っている「デキる人の当たり前」とは、一体何なのか。学生時代に芽生えた「謎」は、解けぬままだった。

そこから十数年が経ったある日、「大学の講義を受け持ってほしい」という相談を、ある先輩から受けた。初めは、広告キャンペーンの基礎を、1つひとつ伝えようと考えていた。しかし、受講生の生の声に耳を傾ける中で、それはやめることにした。

「就活もバイトも、何でもうまくデキる人がいる一方で、私なんか何もデキない」

そう思い悩む、何人もの学生さんに出会ったからだ。そしてその悩みには、筆者も思い当たりがあった。今も「デキる人の当たり前」が、多くの人を苦しめている。むしろ、今は情報発信が当たり前の時代だ。身近なデキる人の活躍ぶりが「見える化」される。筆者の学生時代より、その苦しみは増しているのかもしれない。

彼らに一体何を伝えられるのか――。それは学生時代の自らの「謎」に答えるチャンスでもあった。そして、戦略を生業にしてきた筆者にとって、答えは1つ。社会で遭遇する数々の問題に立ち向かう武器としての「戦略づくり」だった。

しかし、既存の戦略論を下敷きにすると、どうしても耳慣れない話に偏ってしまう。それならば、新たにつくろう。親しみやすいモチーフで、**「戦略づくりの基本形」**を語ろう。そんな想いでつくったプレゼンテーションが、「ゲームマップ」の原型となった。

またこれは、実際に講義を行う中で分かったことだが、頻繁に内容がアップデートされるマーケティングや広告といった科目においては、「戦略づくり」は、細かい用語や最新事例を並べること以上に、学習効果を高める有効な教材となった。

「論理」だけでも、「計画」だけでも、実らない

これまでの学校教育では、「論理的」や「計画的」といった言葉が「優秀であること」

の代名詞として使われてきたように思う。例えば、学校で友達とけんかした時も、論理的に説明できる生徒は、ただ感情的に怒りをぶつける生徒より先生に信頼されやすい。また、夏休みの宿題を計画的に早く済ませる生徒は、先生に褒められる。「論理的」で「計画的」な人は、大人たちに賞賛されるのだ。

しかし、いざ社会に飛び出すと、そのような人たちが、必ずしも幸せな毎日を送っているようには思えない。むしろ学生時代の成功体験に縛られて、「真面目に、論理的かつ計画的に努力しているのに、うまくいかない」と、苦しむ人がいるようにすら見える。

実際、輝かしい成果を上げる人たちの中には、「非論理的」で「非計画的」な人が少なくない。彼らは、「論理的」でも「計画的」でもない代わりに、人より圧倒的に**「戦略的」**な生き方をしている。論理的には処理できないアイデアも、偶然目の前に転がってきたチャンスも、すべて「戦略づくり」に取り入れてしまうのだ。

このように、文字だけ見ると似ている「論理」「計画」と「戦略」だが、実態はまったく違う意味を持つ。しかし、学校教育の中で「論理」「計画」の重要さが伝えられることがあっても、本書で触れた**「戦略」の大切さ**が伝えられる機会は少ないのではないだろうか。

「戦略づくり」という必修科目

「読み、書き、そろばん」は江戸時代以降、日本の教育の基本とされてきた。見慣れた表現ではあるが、改めて見ると実によく整理された3点セットであると気づかされる（計算機器の発達でそろばん自体が活用される機会は少なくなってしまったが）。政治や経済、仕事や人生も、個人に求められるスキルの根底には、この3つが強く関係している。

そして、これからの教育の在り方を考えるため、ある疑問文を考えてみたい。

「これからの時代に、読み、書き、そろばんの次に続くものは何か？」

これに「英語」と答える人もいるだろう。「プログラミング」と考えた人もいるかもしれない。どちらも義務教育への導入が盛んに議論されている。

しかし、筆者は違う見解を持つ。**「読み、書き、そろばん、戦略づくり」**。これぞ新時代の四大スキルになる……そんな妄想を抱いている。

講義で「ゲームマップ」を実践いただいた方々からは、「授業だけではなく、自分の創作活動でも活かすことができた」という感想や、「友達づきあいに悩んでいたけど、自分で仲直りする方法を考え、実践できた」という思わぬ効用まで、多くの声をいただいた。
とはいえ「ゲームマップ」は生まれたての思考ツールだ。今後**「戦略づくりの必修化」**という大それた主張を実現すべく、実証実験や議論を行う場も、用意したいと思う。

努力が実る、楽しめる世界へ

最後に、筆者は根性論が大嫌いだ。無根拠な根性論には「実らない努力」という魔物が蔓延している。しかしその一方で、「努力は必ず報われる」というキレイごとが、嫌いにはなれない。「必ず」とは言い切れないまでも、できるだけ多くの努力が報われる世界であってほしいと、強く強く、願っている。

資源が少ない島国日本で、人口減少が猛スピードで進行する。より一層「1人ひとりの努力が尊い」時代になるに違いない。「努力が実らず、成果が上がらない」という状況自体は、至って個人的な問題だが、一歩引いて、それらを束にして眺めてみると、重大な国家資源の問題となるのだ。どんな組織であれ、どんな職業であれ、これからの日本では、「実らない努力」を「実る努力」にシフトさせる仕組みが、必要になるに違いない。

汗を流し、懸命に努力するすべての人たちが、無根拠な根性論から脱し、笑顔あふれる日々を過ごすことができるキッカケに、「ゲームマップ」がもしなれたなら。戦略策定を生業にするものとして、また教育に関わる者として、これほどの幸せはない。

あとがきにかえて

執筆を支えてくださったすべての方々に、感謝を申し上げたい。

まず、「こんなに魅力的な戦略論が、一部の人たちの特権になってしまっている。これではもったいない！」というとっぴな話を面白がって聞いてくださり、1からサポートいただいた編集の石橋さんはじめ日本経済新聞出版社の方々。仕事でも本づくりでも、いつも進むべき道を示してくれる大好きな先輩、梅田悟司さん。装丁を含め、「シンプルな中に遊び心のあるデザインを」という難題を見事クリアしてくださったデザイナー夏来怜さん。

また、大学やセミナーで意見をくださった皆様。会社業務に支障が出ないようにと、早朝の執筆活動をいつも支えてくれた家族のみんな。

そして、忘れてはならないのが陰で出版を支えてくださった勇者たちの存在である。本づくりを進めるに当たり、実に多くのパートナーの力に支えられていることを思い知った。粗末な文章をチェックしてくださった校正の方々。原稿をきれいな紙面に落とし込んでくださった組版、印刷業者の方々。読者の方々の手元に届くまでの遠い道のりを伴走していただいた、運送、取次業者の方々。そして、こうして本を丁寧に並べてくれている書店員の皆さま。誰一人欠けても、この本が世に出ることはなかった。

さいごのさいごに。ここまで読む手を止めずに冒険を進めてくれた読者の皆さま、感謝の念に堪えない。人生というゲームを謳歌できる勇者Xは、あなた自身でしかない。

「おお勇者よ、そなたに神のご加護があらんことを!」

2018年　平成最後の夏に

工藤拓真

〈参考文献〉

クロード・レヴィ＝ストロース（1976）『野生の思考』みすず書房
ジェームス・W・ヤング（1988）『アイデアのつくり方』ティビーエス・ブリタニカ（現在はCCCメディアハウスより刊行）
野矢茂樹（2004）『はじめて考えるときのように』PHP文庫
村上隆（2006）『芸術起業論』幻冬舎
柳井正（2006）『一勝九敗』新潮文庫
野中郁次郎、戸部良一、鎌田伸一、寺本義也、杉之尾宣生、村井友秀（2008）『戦略の本質』日経ビジネス人文庫
楠木建（2010）『ストーリーとしての競争戦略』東洋経済新報社
ハワード・シュルツ、ジョアンヌ・ゴードン（2011）『スターバックス再生物語』徳間書店
立川談春（2015）『赤めだか』扶桑社文庫
森岡毅（2016）『USJ（ユニバーサル・スタジオ・ジャパン）を劇的に変えた、たった1つの考え方』KADOKAWA
Tak.（2016）『アウトライナー実践入門』技術評論社
音部大輔（2017）『なぜ「戦略」で差がつくのか。』宣伝会議
千葉雅也（2017）『勉強の哲学』文藝春秋
クレイトン・M・クリステンセン、タディ・ホール、カレン・ディロン、デイビッド・S・ダンカン（2017）『ジョブ理論』ハーパーコリンズ・ジャパン

▶ゲームマップ

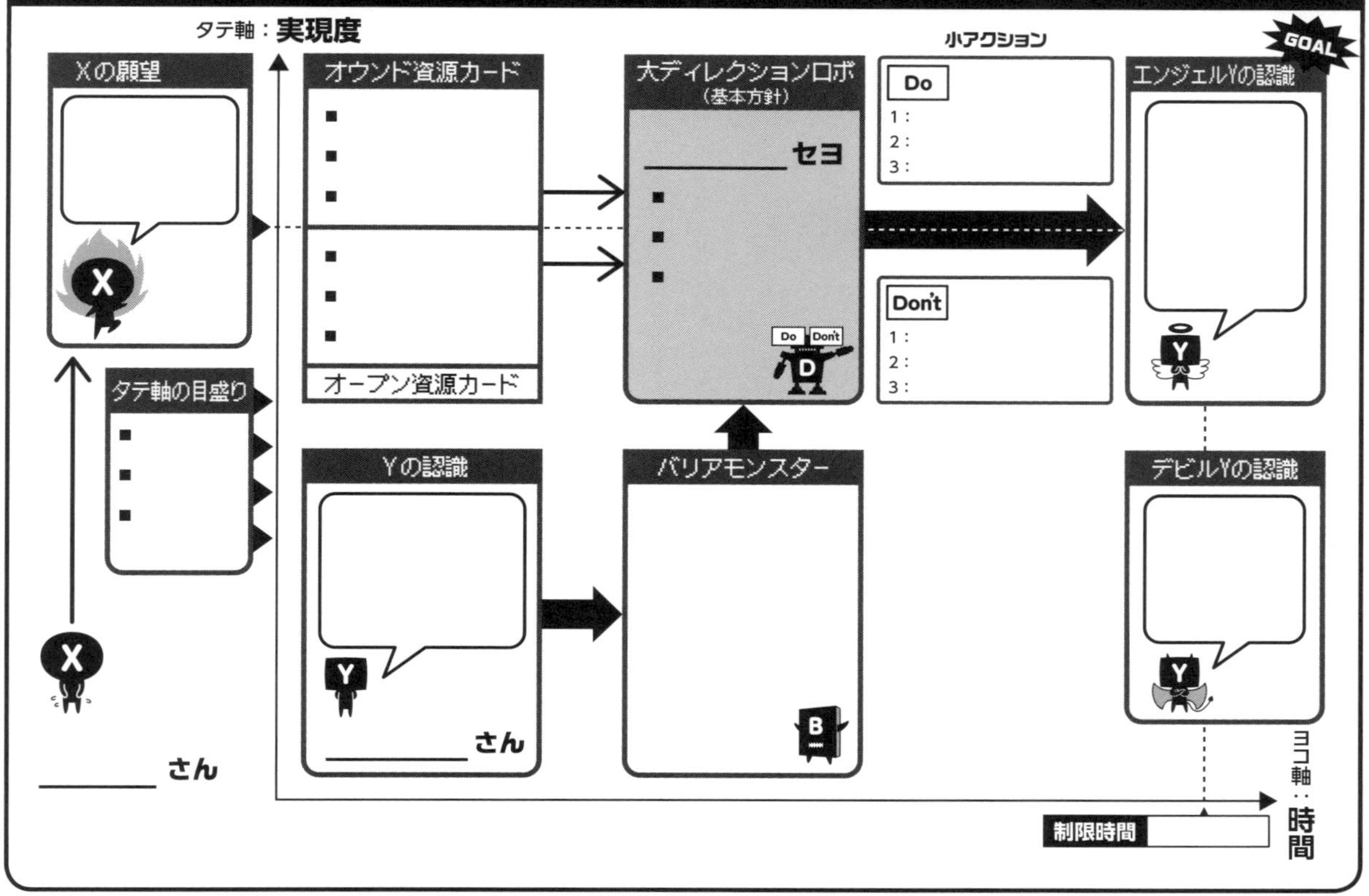
タテ軸：実現度
Xの願望
タテ軸の目盛り
さん
オウンド資源カード
オープン資源カード
Yの認識
さん
大ディレクションロボ
（基本方針）
セヨ
Do
Don't
D
バリアモンスター
B
小アクション
Do
1：
2：
3：
Don't
1：
2：
3：
GOAL
エンジェルYの認識
デビルYの認識
制限時間
ヨコ軸：時間

工藤拓真（くどう・たくま）

(株)電通　クリエーティブ・ストラテジスト(戦略家)

1988年大分県大分市生まれ。2011年早稲田大学法学部卒(知的財産管理士・ロンドン芸術大学留学)、(株)電通入社。営業局、クリエーティブプランニング局にて広告・PR業務に従事した後、プランニングブティック「バッテリー」に参画。老舗ブランドの事業再生戦略、スタートアップ上場前後のマーケティング支援メソッド開発、公共事業の街づくり支援など、広告だけでは解決できない企業課題に「戦略」の力で挑むプロジェクトを多数推進。18年11月より、電通ソリューション開発室。

東京工科大学非常勤講師。日本広告学会クリエーティブ委員会委員。

勇者に学ぶ　難題に立ち向かう「戦略思考」
才能よりも努力よりも問題解決に必要なこと

2018年10月25日　1版1刷

著　者　工藤拓真

発行者　金子　豊

発行所　日本経済新聞出版社
https://www.nikkeibook.com
東京都千代田区大手町1-3-7　〒100-8066
電話(03)3270-0251(代)

デザイン・イラスト　夏来怜

本文組版　マーリンクレイン

印刷・製本　中央精版印刷

ISBN978-4-532-32220-5